循环经济发展水平的定量评估方法及其应用研究

万程成 周葵 著

科学出版社

北京

内 容 简 介

本书基于循环经济的产业组织形态与实践方式，以包括企业小循环、生态工业园区中循环和区域大循环三个层面在内的整体循环经济发展体系作为研究对象，对这一体系内部建设的核心要素及各层面的内在关联进行深入分析，系统总结循环经济定量评估方法在理论和实践上所面临的困境；据此，构建"目标层—控制层—指标层"树形结构的企业、生态工业园区和区域循环经济发展评价指标体系，并选取五粮液集团、青白江工业集中区和全国范围内的区域循环经济主体作为案例分析对象，运用AHP-TOPSIS综合评估模型对各主体的循环经济发展水平进行实证分析，为循环经济发展体系的定量评估方法研究提供有益补充，也对未来循环经济发展提出具有一定针对性的建议。

本书可供从事循环经济相关研究的科研院所研究人员、高等院校师生阅读，也可供实施循环经济的企业、工业园区和区域内的相关从业者参考。

图书在版编目（CIP）数据

循环经济发展水平的定量评估方法及其应用研究/万程成，周葵著.
—北京：科学出版社，2020.7
ISBN 978-7-03-065543-1

Ⅰ. ①循⋯ Ⅱ. ①万⋯②周⋯ Ⅲ. ①中国经济-循环经济-经济发展水平-评估方法-研究 Ⅳ. ①F124.5

中国版本图书馆 CIP 数据核字（2020）第 108588 号

责任编辑：韩卫军 / 责任校对：彭 映
责任印制：罗 科 / 封面设计：墨创文化

科学出版社 出版
北京东黄城根北街 16 号
邮政编码：100717
http://www.sciencep.com

四川煤田地质制图印刷厂印刷
科学出版社发行 各地新华书店经销

*

2020 年 7 月第 一 版　开本：787×1092　1/16
2020 年 7 月第一次印刷　印张：9
字数：210 000

定价：90.00 元
（如有印装质量问题，我社负责调换）

前　言

改革开放以来，我国在经济快速发展的过程中，耕地减少、荒漠化加剧、水资源枯竭和生物多样性锐减等生态环境问题日益严重。在面临过去40年来经济高速增长下所积累的人地矛盾、产业结构失衡风险、人口红利消退等问题的同时，随着我国经济增速放缓，转变现有经济增长方式、推动可持续发展成为我国经济社会发展的战略重点。目前，我国经济发展进入新常态，发展重点从过去以要素驱动、投资驱动为主的方式向创新驱动方式转变，发展特征更倾向于注重分工的优化配置、结构的合理调整和经济增长方式的新型化与可持续化。这意味着我国宏观战略将更多地从关注经济总量或增速向关注经济结构是否合理与协调转变，从着重关注人的发展向关注人与自然和谐共存转变。在迈入"十三五"的过程中，"创新、协调、绿色、开放、共享"五大理念的确立，更是对新常态建设提出了明确的思想指导。在此社会背景下，发展循环经济作为构建新常态下经济社会新格局的根本手段，其战略重要性不言而喻。从2002年至今，我国出台了一系列支持循环经济发展的相关法律和政策，如《中华人民共和国循环经济促进法》《循环经济发展战略及近期行动计划》《2015年循环经济推进计划》等，将循环经济发展提升到国家宏观战略高度，并将其实践主体按产业组织学分为企业、生态工业园区和区域三个层面进行战略部署，构成了完整的循环经济发展体系。

与现实背景相对应的，是循环经济理论的研究进展。1966年，美国经济学家K. E. Boulding提出了"宇宙飞船经济理论"，他认为地球就像在太空中行进的宇宙飞船一样，想要维持飞船长期运行，就必须对其携带的有限资源进行重复和循环利用，想要实现人类的可持续发展，同样必须对生态系统中的自然资源及能量进行循环利用，并尽量减少废弃物排放。这一观点是循环经济理论产生的雏形。在此之后，越来越多的学者意识到传统经济增长方式的不可持续性和推动可持续发展的重要性。1989年，英国环境学家David Pearce和Kerry Turner首次提出了"循环经济"（circular economy）的概念，并引起学术界的共鸣。国内外开始对循环经济理论的兴起与沿革、概念界定与3R原则、发展机制、实践模式、技术创新与定量评估方法等问题展开研究，并取得了一些成果。但这一理论发展尚处于初级阶段，研究中仍存在着不足之处。

具体来讲，循环经济的理论来源具有多维度特点，故这一研究主题呈现显著的多学科交叉性。学者可从不同学科角度对其进行解释分析，这意味着学者在对循环经济的定量评估方法开展研究时，通常会基于不同的评价对象确定相应的指标评价体系或评估模型，造成评价指标难以统一化或评估模型缺乏科学性或可操作性。这将导致如企业、生态工业园区和区域等循环经济主体的前期实践成果难以得到较为全面或可对比的评估，不利于对这一实施效果的观察以及未来循环经济在我国更具成效的实施。因此，需要尝试探索相对科学合理的定量评估方法并对其进行应用。

目前，常用的循环经济定量评估方法有物质流分析法、生命周期分析法、模糊综合评价法等，它们各有利弊。例如，物质流分析法虽然能直接观测资源能量在生产—消费全过程中的利用情况，但是它的指标宏观性较强，分析结果难以细化；生命周期分析法可系统考察产品完整的发展过程，但需要较为完备的样本信息予以支持；模糊综合评价法可处理复杂多元化的经济社会问题，但评估结果的准确性不够；等等。因此，为了避免常用定量评估方法可能产生的问题，尽量客观、科学和全面地对整体循环经济发展水平进行量化分析，本书拟选择并构建层次分析法与逼近理想值的排序法相结合的评价方法——AHP-TOPSIS 综合评估模型，作为本书的核心研究方法并应用，希望为循环经济发展的定量评估方法研究提供有益的参考与补充。一方面，层次分析法通过构建多层级的指标体系框架对要素间的优劣程度进行排序，即使只有少量样本信息，层次分析法仍可通过较为简便的计算进行相对客观的指标赋权，这一方法恰好可以解决循环经济发展评估过程中相关数据匮乏等问题，适用于对如循环经济等涉及经济社会与资源环境多领域复杂问题的评价；另一方面，逼近理想值的排序法通过计算数据标准化下各评价对象与正理想解（最优解）和负理想解（最劣解）之间的距离，来对评价对象的优劣程度进行排序，这一方法能在充分运用原始数据的情况下对复杂开放系统进行较为综合的评估，是系统性和可操作性均较强的多指标体系定量评估方法。

基于以上分析，本书构建"循环经济发展水平的定量评估方法及其应用研究"框架，并从两大主要视角切入研究。一是对本书主要评估对象的界定，基于国内外较为常用的分类方法，本书将由企业小循环、生态工业园区中循环和区域大循环构成的循环经济发展整体体系确立为研究对象来切入分析；二是对本书核心研究方法的确立，包括构建三大层面的循环经济发展评价指标体系，以及确立 AHP-TOPSIS 综合评估模型在内的循环经济发展定量评估方法，此为本书的研究视角。将以上两大视角进行整合，构成本书的主要研究目的——探索一种可从企业、生态工业园区和区域三大层面对整体循环经济发展水平进行相对客观、科学与有效测度的定量评估方法，并对其进行应用。

为了达成研究目的，本书的主要研究思路为：首先，对本书研究涉及的主要概念、基础理论和国内外文献进行阐释和综述，分析 3R 原则和相关理论对循环经济研究与实践的贡献作用，提出本书与既有研究的不同之处；其次，基于企业小循环、生态工业园区中循环与区域大循环的角度，对循环经济发展现状、三大体系内部建设的核心要素及体系间的内在关联进行深入分析，从而系统总结循环经济发展在理论和实践上所面临的方法及困境；再次，对循环经济发展水平的定量评估方法进行构建，包括设计"目标层—控制层—指标层"树形结构的企业、生态工业园区和区域循环经济发展评价指标体系，以及建立 AHP-TOPSIS 综合评估模型等；最后，作为实证研究，分别选择五粮液集团、青白江工业集中区和全国范围内的区域循环经济发展主体作为案例分析对象，对以上构建的评估方法进行应用，为循环经济发展体系的定量评估方法研究提供有益的补充，并对未来循环经济发展提出针对性的政策建议。

通过研究，本书得到了以下几点主要结论。

（1）3R 原则的实施影响着生产与消费方式的转变、产业结构的优化调整与高新技术的创新升级等，它对社会经济活动发展的潜在贡献体现在产业结构高度化、"三废"处理、节能减排和绿色包装设计等一系列相关市场活动中。

（2）物理学、生态学和经济学理论为循环经济相关概念、内涵、原则、特征、发展方式和运行机制等的确立奠定了重要的理论基础。

（3）本书与既有研究的不同之处在于，通过设计科学全面的企业、生态工业园区和区域循环经济发展评价指标体系，选择能充分挖掘样本信息和体现研究对象特点的综合定量评估方法并对其进行应用，构建循环经济发展水平的定量评估方法体系，为研究方法的规范化和统一化提供有益参考。

（4）从循环经济发展的理论分析框架看，企业、生态工业园区和区域循环经济主体分别是循环经济发展体系构成的基础性平台、核心层级和宏观载体。三大体系的依次构建不仅为全国性的宏观循环经济发展体系的形成奠定基础，促进绿色生产市场与绿色消费市场的平衡发展，而且使生态产业链网在这一过程中得到扩张与完善。

（5）本书通过建立企业、生态工业园区和区域三大循环经济发展评价指标体系，以及构建 AHP-TOPSIS 综合评估模型，形成可对循环经济发展水平进行整体评估的定量方法体系。

（6）通过对以上评估方法的应用发现，循环经济相关政策的完善程度与各主体循环经济实践成效有较为明显的关联，同时，近年来循环经济虽不断发展且波动较小，但经济效益仍不甚明显。

综上所述，本书基于前人理论，立足循环经济的评估方法研究，力图在以下几个方面有所贡献与创新。

（1）从企业、生态工业园区和区域构成的整体循环经济发展系统视角，对各主体循环经济发展体系及三大体系间的内在关联进行深入分析，并提出循环经济发展在理论与现实中所面临的评估方法困境，进一步厘清整体循环经济系统建构的发展脉络与逻辑思路。

（2）构建企业、生态工业园区和区域循环经济发展评价指标体系，并对三大体系建立的层次结构、具体指标释义及其与循环经济理念之间的关联性进行分析，为循环经济发展评价指标体系的建立提供可参考的标准。

（3）从指标的权重设置、原始数据的标准化和指标体系的综合评估角度，对循环经济常用评估方法进行对比分析，从而确立以层次分析法与逼近理想值的排序法相结合的 AHP-TOPSIS 综合评估模型作为本书的主要研究方法，以期对三大层面的循环经济发展评价指标体系进行相对科学、系统和综合的评价；同时选择了五粮液集团、青白江工业集中区和全国范围内的区域循环经济主体作为分析对象，对这一方法进行应用，希望为这一领域的定量评估方法改进提供有益的补充。

目 录

第1章 导论 ·· 1
  1.1 研究背景 ·· 1
    1.1.1 社会背景 ·· 1
    1.1.2 理论背景 ·· 2
  1.2 研究目的及意义 ·· 3
    1.2.1 研究目的 ·· 3
    1.2.2 研究意义 ·· 4
  1.3 研究内容与技术路线 ··· 4
  1.4 研究方法 ·· 6
    1.4.1 理论研究方法 ·· 6
    1.4.2 定量研究方法 ·· 6
    1.4.3 规范分析方法 ·· 7
  1.5 本章小结 ·· 7

第2章 相关理论基础与文献综述 ··· 8
  2.1 相关概念 ·· 8
    2.1.1 循环经济的定义 ··· 8
    2.1.2 循环经济的内涵 ··· 9
    2.1.3 循环经济3R原则 ·· 10
    2.1.4 3R原则在循环经济实践中的应用 ··································· 11
  2.2 理论基础 ·· 13
    2.2.1 物理学理论基础 ··· 13
    2.2.2 生态学理论基础 ··· 16
    2.2.3 经济学理论基础 ··· 18
    2.2.4 以上理论对循环经济发展的贡献 ··································· 19
  2.3 文献综述 ·· 20
    2.3.1 循环经济兴起与沿革 ··· 20
    2.3.2 循环经济相关理论 ·· 22
    2.3.3 循环经济相关定量评估方法 ··· 25
    2.3.4 本书研究与既有研究的不同之处 ··································· 34
  2.4 本书主要研究视角 ·· 34
  2.5 本章小结 ·· 35

第3章 循环经济发展水平的定量评估分析框架 ········· 36
3.1 循环经济发展现状 ········· 36
3.1.1 以清洁生产为主的循环型企业 ········· 36
3.1.2 以产业共生为主的生态工业园区 ········· 37
3.1.3 以战略转型为主的区域循环经济 ········· 37
3.2 循环经济发展的体系分析 ········· 38
3.2.1 基础平台——基于企业的小循环 ········· 38
3.2.2 核心层级——基于生态工业园区的中循环 ········· 42
3.2.3 宏观载体——基于区域的大循环 ········· 46
3.2.4 循环经济主体间的内在关联 ········· 50
3.3 循环经济定量评估方法面临的挑战 ········· 52
3.4 本章小结 ········· 53

第4章 循环经济发展水平的定量评估方法构建 ········· 54
4.1 循环经济发展评价指标体系的设计 ········· 54
4.1.1 指标体系的评价目标 ········· 54
4.1.2 指标体系的建立原则 ········· 56
4.1.3 各循环主体指标体系的设计 ········· 57
4.2 循环经济发展的定量评估方法选择 ········· 74
4.2.1 指标赋权方法的选择 ········· 74
4.2.2 数据标准化法的选择 ········· 75
4.2.3 综合评估方法的选择 ········· 77
4.3 AHP-TOPSIS 综合评估模型的确立与构建 ········· 79
4.3.1 设置指标权重 ········· 79
4.3.2 数据标准化处理 ········· 82
4.3.3 TOPSIS 综合评估 ········· 82
4.4 本章小结 ········· 83

第5章 循环经济发展水平的定量评估方法应用 ········· 84
5.1 企业循环经济发展的定量评估方法应用——以五粮液集团为例 ········· 84
5.1.1 五粮液集团循环经济发展概况 ········· 84
5.1.2 五粮液集团循环经济发展水平评估的建模与分析 ········· 86
5.1.3 小结 ········· 93
5.2 生态工业园区发展的定量评估方法应用——以青白江工业集中区为例 ········· 93
5.2.1 青白江工业集中区循环经济发展概况 ········· 93
5.2.2 青白江工业集中区循环经济发展水平评估的建模与分析 ········· 95
5.2.3 小结 ········· 100
5.3 区域循环经济发展的定量评估方法应用——以全国范围为对象 ········· 101
5.3.1 循环经济发展水平评估的建模与分析 ········· 101
5.3.2 小结 ········· 109

- 5.4 对实证结果的讨论 ·· 109
  - 5.4.1 各层面循环经济实证分析的不同结论 ···························· 109
  - 5.4.2 各层面循环经济实证分析的共同结论 ···························· 110
- 5.5 未来循环经济发展的政策建议 ·· 111
  - 5.5.1 完善循环经济相关制度法规 ·· 111
  - 5.5.2 加强资金支持力度 ·· 112
  - 5.5.3 加快调整能源利用结构 ·· 113
- 5.6 本章小结 ·· 114

第6章 结论与展望 ·· 115
- 6.1 研究结论 ·· 115
  - 6.1.1 结论 ··· 115
  - 6.1.2 创新点与不足之处 ·· 118
  - 6.1.3 讨论 ··· 119
- 6.2 研究展望 ·· 120

参考文献 ·· 123

第1章 导 论

本书总体框架的设计是研究展开的起点。本章对本书的研究背景、研究目的及意义、研究内容与技术路线、研究方法进行阐释，以厘清和构建研究所需的完整逻辑脉络，从根本上把握好本书研究的方向与重点。

1.1 研 究 背 景

18世纪60年代，第一次工业革命在英国兴起，工业化浪潮席卷全球，社会发展由农耕文明时代进入工业文明时代。这一时期，人们不加节制、掠夺式地开采自然资源，对这一行为导致的生态破坏与环境污染缺乏认识，环保理念尚未树立。直到1962年，Rachel Carson 出版的 Silent Spring（《寂静的春天》）一书直指工业化进程中经济生产方式的不可持续性，即人们正在以毁灭已有的生态文明为代价，创造着工业化时代的新文明。她警示说，如果人类不能在工业化进程中兼顾对自然界的关注与保护，那么就将在这种不可持续的经济发展过程中灭亡。随着工业化阶段的不断迈进，人类对生态环境的关注程度逐渐提高，并从理论和实践上展开了相关探索。在这一趋势下，循环经济理论应运而生，并成为指导全球经济社会发展的重要理念与根本路径之一。

1.1.1 社会背景

改革开放以来，我国不仅频繁出现耕地减少（保瑞，2015）、荒漠化加剧（徐海根等，2016）、水资源枯竭和生物多样性锐减（刘旌，2012）等环境问题，还普遍存在能源人均占有量较低（胡青丹，2009）、能源需求缺口大（戴萌睿，2005）和能耗高等能源利用不合理问题。我国经济高速增长下所积累的人地矛盾、产业结构风险、人口红利风险等日益凸显，转变经济增长方式、推动可持续发展的实现，成为我国未来经济社会发展的战略重点。

2014年，在亚太经合组织工商领导人峰会上，习近平指出："中国经济呈现出新常态。"[1]习近平明确提出将中国经济"从要素驱动、投资驱动转向创新驱动"作为中国经济新常态的主要特点之一[2]。中国经济发展特征更倾向于分工的优化配置、结构的合

---

[1] 习近平首次系统阐述"新常态"[EB/OL]. 新华网,（2014-11-09）[2018-06-20].http://www.xinhuanet.com//world/2014-11/09/c_1113175964.htm.
[2] 张占斌.《中国经济新常态》第二章·经济全方位优化升级：新特征与新趋势：第四节 增长动力由要素驱动、投资驱动向创新驱动转换[EB/OL]. 中国共产党新闻网,（2015-01-29）[2018-06-20]. http://theory.people.com.cn/n/2015/0129/c392798-26472478.html.

理调整和经济增长方式的新型化与可持续化。这意味着我国宏观战略将更多地从关注经济总量或增速向关注经济结构是否合理与协调转变,从着重关注人的发展向关注人与自然和谐共存转变,而循环经济理论及其发展方式是实现这一重大转变的根本路径。

进一步地,在迈入"十三五"后,中央对经济新常态的发展有了更为具体的要求,"创新、协调、绿色、开放、共享"五大理念的提出,则是这一要求的集中体现。它作为"十三五"宏观经济社会发展的核心指导理念,直接决定着未来经济发展的方向和着力点。其中,创新作为五大理念的核心,其关键在于"新",包括新要素、新产业、新经济发展方式和新市场等,而这一目标的实现需深入践行循环经济发展理念。例如,对物质能源要素进行循环利用;对传统"高污染、高消耗、低产出"的生产方式进行调整转变;对企业生产理念与公众消费理念进行绿色引导;等等。绿色理念则从根本上肯定了循环经济与可持续发展战略的重要性与必要性,只有实现了经济社会与资源环境领域的协调发展,才有可能顺利构建新常态下我国经济现代化建设的新格局。

综上可见,循环经济理念及战略的提出是我国经济社会处于特定历史条件下的必然结果,也是我国经济社会现实发展的必然要求。在这一经济社会发展的新阶段,为了深入把握当前循环经济发展的社会背景,需要从历史的角度对其具体相关政策的发展进行梳理,以明确本书研究所基于的较为完整、系统的政策依据。

2002年,我国颁布了《中华人民共和国清洁生产促进法》,标志着从企业层面发展循环经济的首部法律文件得以确立。2004年,《中共中央关于加强党的执政能力建设的决定》明确提出,要大力发展循环经济,建设节约型社会。2005年,国务院颁布了《国务院关于加快发展循环经济的若干意见》,标志着循环经济已成为我国宏观性重点发展战略。2008年底,《中华人民共和国循环经济促进法》颁布,标志着循环经济理念在国家立法层面得以确立,我国也成为将循环经济作为国家发展战略——以建立闭合再生系统为基础转变经济增长方式和促进经济发展的国家(Mathews et al., 2011)。自此,我国循环经济理论与实践发展有了明显推进。2013年,国务院发布《循环经济发展战略及近期行动计划》,将循环经济发展提升到国家宏观战略高度,并从企业、生态工业园区和区域三个层面对循环经济发展进行部署,构建了一个覆盖全社会的较为完整的循环经济体系。进一步地,《2015年循环经济推进计划》的颁布更是从构建循环型产业体系、推进园区与区域循环经济、发展社会层面的循环经济以及推行绿色生活方式方面对发展循环经济提出了新要求。综上,我国政府不仅为循环经济发展提供了良好的政策保障,还对其提出了更加系统化的发展要求——将循环经济实践主体按产业组织学理论分为企业、生态工业园区和区域三个层面以执行具体的战略实施要求。以上构成了本书确立研究对象与研究视角所基于的政策背景及依据。

1.1.2 理论背景

美国经济学家Boulding从理论上对人与地球的关系进行系统、辩证的思考,并提出了"宇宙飞船经济理论"。这一理论假设在宇宙飞船这一封闭系统内,宇航员若想在生存的同时维持飞船的运行,就必须重复使用飞船上的资源,以延长飞船与宇航员共同生存的期限,避免资源耗尽导致人与飞船共同毁灭(Boulding, 1966)。推而广之,Boulding

认为，人类若想在地球上长期、良好、稳定地生存与发展，亦须转变态度，与地球上的其他生物共享一个自然生态系统，循环利用各类自然资源，以维持并延长地球寿命，使人类的世代繁荣成为可能。这一观点被认为是循环经济理论的雏形。基于此，Boulding提出，要将以"高能耗、高污染、高排放、低产出"为特征的传统"资源—产品—污染排放"式线性经济发展方式，转变为新型"资源—产品—再生资源"式循环经济发展模式。此想法一经提出就得到学术界的大力关注，以德国、日本和美国为代表的国家成为系统性发展这一理论的先驱。20世纪末，这一理论由闵毅梅、诸大建等学者引入国内并成为相关领域的研究重点（Ariyoshi and Moriguchi，2004；诸大建，1998a；闵毅梅，1997）。

然而，由于循环经济的理论来源具有多维度的特点，这一研究领域具有显著的多学科交叉性，学者们易从不同学科角度对其进行解释分析，如资源经济论、生态经济论或技术范式论等，这导致学者们在进行循环经济定量评估方法领域的研究时，通常会基于不同的评价对象确定相应的指标评价体系或评估模型，从而造成循环经济评价指标难以规范、统一或评估模型的科学性、可操作性不强等问题。企业、生态工业园区和区域等层面的循环经济实践成果因而难以得到较为全面或可对比的衡量，这又进一步给未来宏观战略指导方向与实施重点的确定带来难度。鉴于此，近年来学术界对这一领域的关注度有所下降，循环经济理论发展在评估方法的研究上遭遇瓶颈。与此同时，诸如低碳经济、生态经济等研究，因其定量方法具有一定的规范性，如二氧化碳排放量等典型指标的确立，逐渐成为资源经济、环境经济或可持续发展研究方向的重点，但这些研究成果仍不及循环经济领域，说明循环经济研究仍在学术界中占有较为重要的地位。同时，结合上述所阐释的循环经济发展的社会背景——循环经济是新常态下"十三五"经济社会发展的重要手段，说明这一领域在我国开展研究与实践仍是必要且重要的。因此，我们不应放弃对该领域的研究去另觅他径，而是应解决循环经济理论在发展过程中所面临的评估方法困境，突破这一研究瓶颈，以期充分发挥这一理论对新常态下经济社会可持续发展的指导与推动作用。

综上，以上所阐述的循环经济发展的现实要求与理论背景，正是本书展开研究的逻辑起点。基于此，本书希望探索一种可从企业、生态工业园区和区域三大层面对整体循环经济发展水平进行客观、科学、有效测度的定量评估方法并进行应用，以实现本书的研究目的及意义。

1.2 研究目的及意义

根据研究背景，可进一步明确本书的研究目的及意义，即对循环经济理论与现实发展中所面临的共同问题——循环经济定量评估方法上的困境予以探讨，以期为这一理论研究的全面展开提供参考。

1.2.1 研究目的

基于循环经济发展的理论与现实背景，本书讨论与解决的问题是：针对循环经济理论与现实发展中所面临的评估方法困境，基于企业的小循环、生态工业园区的中循环与区域的大循环层面，构建一套相对系统、科学、合理的循环经济发展水平定量评估方法，并对其进行应用，以期为循环经济定量评估方法领域的研究提供有益的参考与补充；同时尽可能使循环经济实践成果得到较为客观、准确的评估，从而帮助循环经济发展与可持续发展战略深入推进。

1.2.2 研究意义

从理论上讲，循环经济理论的产生具有多学科背景，物理学、生态学和经济学等学科中的相关经典理论都为循环经济理论的创建与发展做出了重要贡献。其一，热力学第一定律、热力学第二定律及耗散结构理论分别为循环经济思想建立的可能性、必要性与运行机理的设计奠定了物理学基础；其二，共生、自生与再生理论是循环经济理论建立并颠覆、转变传统经济观念的重要生态学理论支撑，它们分别通过阐释自然界各物种间的相互包容与共存关系，生态系统内部所具有的自我调节功能和循环再生功能等，为循环经济相关概念、内涵、原则、特征及发展方式的确立奠定了生态学基础；其三，资源经济理论、外部不经济理论和生态经济学理论为循环经济核心内容的确立，以及循环增长模式的提出与应用奠定了经济学基础。由此可见，对这一多学科融合的理论进行研究具有重要的学术价值。进一步地，根据其理论发展的学术背景可知，由于目前循环经济研究在定量评估方法上遭遇瓶颈，本书构建的对循环经济发展水平定量评估的方法，不仅能进一步促进各学科与循环经济理论的融合，而且可为循环经济评估方法困境的突破提供成果支撑与信息参考。

从实践上讲，循环经济定量评估方法的规范与统一能对各主体循环经济发展评估结果的准确性、科学性和综合性起到直接的促进作用，从而使决策部门能更全面、精准地把握循环经济战略实施情况。而这一现状的改善不仅有利于未来宏观经济发展的战略目标、战略方向和战略重点更科学与合理的确立，而且能进一步引导循环经济理论在学术研究上的深入发展。因此，为了推动循环经济战略的顺利实施，实现循环经济初级发展阶段的平稳过渡，本书对循环经济定量评估方法展开研究具有重要的现实意义。

1.3 研究内容与技术路线

为达成上述研究目的及意义，本书需要在对相关概念、基础理论和研究现状进行梳理的基础上，对循环经济发展现状、发展体系与面临问题展开深入分析，以明确本书所基于的研究视角，从而提出循环经济发展水平的定量评估方法及其应用研究，从中得到研究结论、政策启示，并对前景进行展望。为了更清楚直观地展现本书的研究内容与步骤，图 1-1 给出了本书的技术路线。

图 1-1 技术路线图

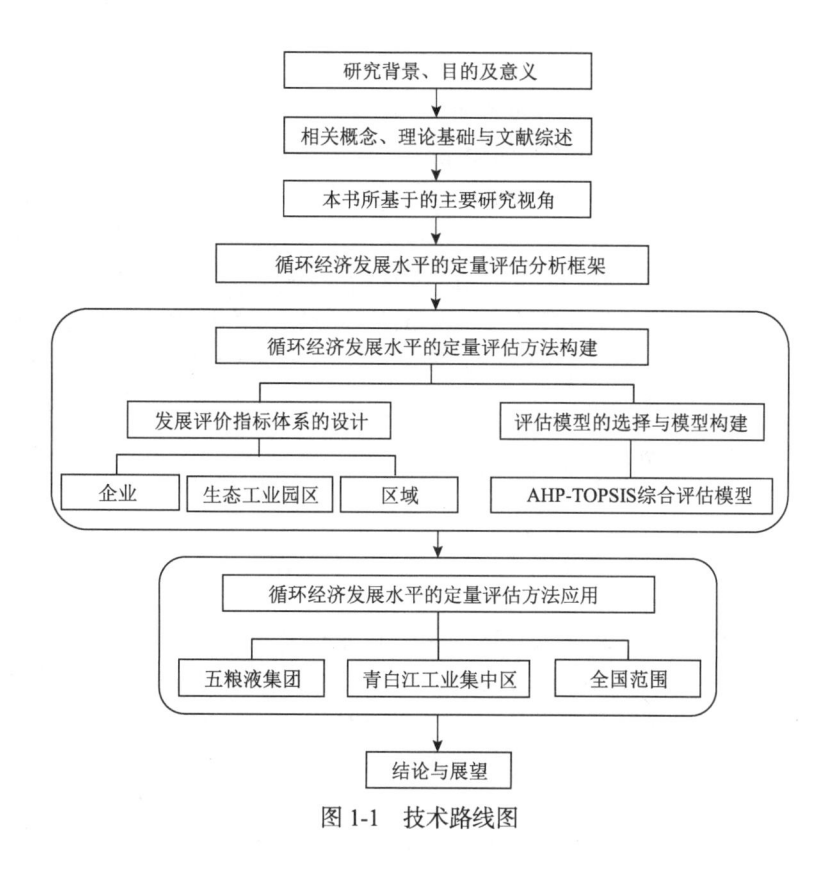

如图 1-1 所示，本书包括 6 章，各章的主要研究内容如下。

第 1 章为导论。通过对本书研究背景进行阐释，明确本书展开研究的逻辑起点，从而确立本书的研究目的、研究意义、主要研究内容与技术路线，以及进行这一研究需要采用的主要方法。

第 2 章为相关理论基础与文献综述。针对研究主题，该章首先对循环经济的基本概念与 3R 原则进行阐释，明确研究开展的概念起点；其次对支持循环经济研究的相关经典理论进行梳理，从而提出本书的理论基础，为研究的正式展开奠定理论依据；再次基于以上两部分的梳理，对循环经济研究在理论与实践中的作用进行分析；最后从循环经济发展兴起与沿革、相关理论与定量评估方法三个角度对相关领域的研究成果进行综述，以提出本书的研究视角，即本书研究与以往研究的不同之处。

第 3 章为循环经济发展水平的定量评估分析框架。该章基于循环经济发展现状的阐释，对企业、生态工业园区和区域三大循环体系的内部发展及其相互关联进行深入分析，构建循环经济发展定量评估的理论分析框架，综合性地提出并阐释循环经济发展在理论与实践中所面临的评估方法困境，为第 4 章和第 5 章循环经济发展水平的定量评估方法构建及应用的研究提供理论依据与逻辑支持。

第 4 章为循环经济发展水平的定量评估方法构建。该章从企业、生态工业园区和区域循环经济发展评价指标体系的设计、定量评估方法的选择和 AHP-TOPSIS 综合评估模型的确立与构建三个层面次第推进，从整体、系统的视角对循环经济发展的定量评估问题展开方法研究，通过构建一套相对科学、客观和系统的定量评估方法体系为循环经济理论在方法研究上的探索提供有益的参考与补充。

第 5 章为循环经济发展水平的定量评估方法应用。基于本书第 4 章构建的循环经济发展水平的定量评估方法，第 5 章依次从企业、生态工业园区和区域三大层面选取相关案例，即五粮液集团、青白江工业集中区和全国区域范围，以对相应的定量评估方法进行应用。最后，针对具有一定代表性和普适性的相关实证结果，提出几点具体的政策建议。

第 6 章为结论与展望。一方面基于本书的整体研究，对主要结论及发现进行归纳阐释，总结本书的创新点与不足之处，并对研究中呈现出的问题展开进一步讨论；另一方面基于方法视角，对循环经济在这一领域的深入研究进行展望，以说明拓展与深入本书研究主题的可能性和方向。

1.4 研究方法

在对多种循环经济相关定量评估方法进行回顾和总结的基础上，本书选取的核心研究方法是层次分析法与逼近理想值的排序法相结合的 AHP-TOPSIS 综合评估模型。这一方法基于本书所建立的企业、生态工业园区和区域循环经济发展评价指标体系，构建对各指标进行客观定权的层次分析法与对多指标体系进行欧氏距离计算并综合排序的逼近理想值的排序法相结合的综合定量评估模型。基于此，本书针对循环经济发展水平构建相对全面且系统的定量评估方法，其基本思路为：首先设计并建立企业、生态工业园区和区域循环经济发展评价指标体系，其次选择并确立 AHP-TOPSIS 综合评估模型，最后对这一分析模型的具体步骤进行阐释。而以上方法体系所基于的理论框架、模型化过程及其实证分析，都离不开对经济研究中核心方法与基础方法的运用。综上，从理论研究、定量研究和规范分析三方面，对本书的相关研究方法进行梳理。

1.4.1 理论研究方法

本书在对循环经济相关概念、基础理论和国内外文献进行阐释、梳理与综述时，采用归纳分析与比较分析相结合的方法，形成本书逻辑清晰、内容翔实的理论综述部分。进一步，为了有据可依、层层递进地展开对循环经济发展定量评估方法的研究，本书基于循环经济发展现状，对企业小循环、生态工业园区中循环与区域大循环的循环经济发展体系及体系间的内在关联展开了深入阐释与定性分析，从而系统性地提出了循环经济发展在理论研究与现实操作中所面临的评估方法困境。以上内容从理论角度较为完整地构成了循环经济发展水平的定量评估分析框架，为循环经济定量评估方法的构建及应用奠定了理论基础。

1.4.2 定量研究方法

对循环经济发展水平定量评估方法的构建与应用是本书的核心部分。目前，对循环经济发展进行定量评估的常用方法包括物质流分析法、生命周期分析法、系统动力学分析法、数据包络分析法、能值分析法和逼近理想值的排序法等，而针对本书的研究目的，选择并构建层次分析法与逼近理想值的排序法相结合的 AHP-TOPSIS 综合评估模型作为本书的核心研究方法。具体来讲，通过构建企业、生态工业园区和区域循环经济发展评价指标体系，并基于文献综述中对循环经济常用定量评估方法的梳理，本书从指标赋权、综合评估模型和原始数据标准化三个角度分别确定相应方法，从而构建 AHP-TOPSIS 综合评估模型——首先通过专家咨询法和层次分析法确定指标权重，其次运用向量规范化法或均值法（样本数据仅有两年时）对原始数据进行标准化，最后利用逼近理想值的排序法对三个层面的循环经济发展水平进行综合评估，以掌握各层面循环经济发展现状及问题，为其进一步发展提供定量支撑与信息参考。

进一步，本书对已构建的循环经济定量评估方法进行应用，即在企业、生态工业园区和区域三个层面依次选取五粮液集团、青白江工业集中区和全国范围作为分析对象展开实证研究，并基于此，就未来整体循环经济发展提出具有一定针对性的政策建议。

1.4.3 规范分析方法

在运用实证分析法对循环经济发展水平的定量评估方法进行应用并得出结论后，本书将通过规范分析法对各主体各年份间的循环经济发展水平进行对比分析。基于实证分析的事实判断，对未来循环经济发展的方向和对策从规范视角进行分析，即针对循环经济发展需进一步完善的地方提出相对应的政策建议，以期为有关部门的政策制定提供信息参考。

1.5 本章小结

本章作为正式研究展开前的导论，首先对本书主题提出的社会背景与学术背景进行了论述，以初步明确本书研究的基本视角或切入点；其次提出本书的研究目的、研究意义、主要研究内容与技术路线，以构建较为完整的总体研究框架；最后对本书的主要研究方法从理论研究、定量研究和规范分析三个角度进行阐释，其中，本书的核心研究方法为层次分析法与逼近理想值的排序法相结合的 AHP-TOPSIS 综合评估模型。

第 2 章 相关理论基础与文献综述

本章将对循环经济的相关概念与基础理论进行阐释，以明确本书的研究对象，厘清 3R 原则及相关理论在循环经济发展与实践中的作用；基于此，再对与本书研究密切相关的国内外研究现状进行综述，为研究的正式开展奠定坚实的文献基础，最后提出本书的主要研究视角。

2.1 相关概念

循环经济的概念较为丰富，国内外学术界对循环经济一词尚未有一个确切、统一的定义。首先，本书从资源经济、技术范式与生态经济等多个理论角度，对不同学者的循环经济定义进行归纳总结，然后提出本书对循环经济一词的理解。同时，无论学术界对循环经济概念的定义是否统一，学者们对循环经济内涵的理解都是一致的，在概念界定后，本书将对循环经济的内涵进行阐释。另外，循环经济的 3R 原则也是其理论建立的核心组成部分。综上，下面从循环经济的定义、内涵与 3R 原则的角度，对循环经济相关概念进行梳理。

2.1.1 循环经济的定义

目前，国外学者对循环经济的研究主要由具体的操作层面展开，如清洁生产、生物质热转换等，对循环经济专门进行概念、内涵或特征等界定的研究较少，因此实际上更多的是国内学者从多个角度对循环经济一词进行定义。一般情况下，循环经济可分为狭义和广义两种。狭义循环经济是指以减量化、再利用、再循环 3R 原则为核心，以改变传统的高能耗、高排放、低效率的经济发展方式为目标的经济发展模式，其落脚点在于经济与环境之间的关系。广义循环经济则强调通过对物质能源的高效循环利用，实现资源、经济、社会与环境等各个领域的共生、和谐与可持续发展（陈文晖等，2009）。

除此之外，学者们还分别基于不同的理论角度对循环经济进行定义，主要包括资源经济论、技术范式论和生态经济论。

1. 资源经济论

资源经济论认为，循环经济发展的核心是要实现资源的集约与循环利用，而这也恰恰是实现可持续发展的基础。进入系统的自然资源与物质、人类活动与能量要最大限度地循环利用，以提高资源利用效率，从而改善经济发展质量（季昆森，2004）。也有学者认为，循环经济是对废弃物进行循环再生利用，使资源投入减量化，从而减少对生态环境的污染与破坏（冯良，2002）。本书认为，从这一角度对循环经济的定义主要是基于资源环境领域的讨论，并没有过多涉及资源环境与经济社会之间的相互耦合问题，尽管定义强调了循环经济闭环物质流的运作方式，但研究视角较为单一，属于狭义的循环经济定义。

2. 技术范式论

技术范式论认为，循环经济是相对传统线性经济而言的，与以破坏环境为代价的传统发展模式相对立，循环经济是致力于实现经济发展与环境保护并存的技术范式（隋殿海，2016）。著名学者冯之浚教授是这一定义的代表人物。冯之浚（2004）认为，循环经济是指通过践行 3R 原则，对资源进行高效循环利用，以形成物质资料的闭环式流动及能量的梯度式使用，从而实现经济发展模式的循环式转变。这一界定强调了循环经济的运行方式，即物质流的闭环式循环，并认为这正是循环经济定义的重点——只有实现了经济发展模式的转变，才算是从实质上推进了循环经济发展。

3. 生态经济论

生态经济论认为，循环经济本质上就是一种生态经济。申振东、张凯、曲格平等学者都是这一派的代表人物。张凯（2004）提出，循环经济是一种生态型经济发展模式，其理论基础是生态学与经济学原理，其核心理念是 3R 原则，其运行方式是物质能量的闭环式循环。申振东和杨保建（2005）提出，循环经济是指其发展以全球的生态系统为大背景，在生产与消费的输入端、中间环节和输出端都秉持 3R 原则，对物质资源进行循环利用，从而实现线性经济增长方式向生态型循环经济发展模式的转变。

目前，被国内学者广泛引用的是著名环境科学家曲格平教授对循环经济的定义——"所谓循环经济，就是把清洁生产和废弃物的综合利用融为一体的经济，本质上是一种生态经济，它要求运用生态学规律来指导人类社会的经济活动"，"循环经济倡导的是一种建立在物质不断循环利用基础上的经济发展模式"，"其特征是自然资源的低投入、高利用和废弃物的低排放，从根本上消解长期以来环境与发展之间的尖锐冲突"（曲格平，2001）。这一定义不仅考虑了资源内部的综合与循环利用效率，更强调了物质资源在生态系统、经济系统与社会系统间的合理循环流动，指出生态环境与经济社会之间应该存在一种优化的相互作用关系，属于广义的循环经济定义。

在总结前人研究的基础上，本书认为循环经济是指以生态学和经济学原理及基本规律为指导，通过对生产全过程中物质资源的高效、综合与循环利用，实现经济、社会与生态环境三大系统间的最佳耦合，从而达到生态环境保护与经济社会可持续发展同步推进、和谐共存的长远目标。

2.1.2 循环经济的内涵

循环经济的内涵是对循环经济本质特点的综合性揭示。尽管国内外学者对这一概念的界定尚未统一，但对循环经济的内涵具有共识（陈文晖等，2009；冯之浚，2004；曲格平，2001）。基于此，本书对循环经济的内涵总结如下。

从生态学角度讲，循环经济要求将经济发展作为子系统融入生态经济这一母系统中，通过对生态系统运行方式的模拟，建立"资源—产品—再生资源"的闭环物质流系统，从而实现物质能量的综合循环利用，达到经济、社会与环境共生发展的目的。

从经济学角度讲，循环经济是可持续的新型经济发展模式。它将扁平式的以"高能耗、高污染、低产出"为特征的线性增长方式，转变为立体式的以"低能耗、低污染、高产出"为特征的循环经济增长方式。循环经济要求在社会再生产的"生产—分配—交换—消费"四个环节上都要建立起新的行业规范和运行机制，通过经济活动的标准化发展与各个环节间的无缝衔接，实现物质资源的高效优化配置，从而提高市场效率和社会总福利，实现物质资源在社会间的大循环。

从环境保护角度讲，循环经济致力于解决环境与经济发展间的深刻矛盾，以助推可持续发展理念的践行。

2.1.3 循环经济3R原则

20世纪80年代，联合国环境规划署提出了清洁生产的概念3R原则，即减量化（reduce）、再利用（reuse）与再循环（recycle）。80年代末，这些原则在美国杜邦公司得到实际应用。3R原则也演变成循环经济最重要的实际操作原则，并要求参与经济活动的主体遵守这一原则（王晓冬，2010a），其基本特征（诸大建和朱远，2013）如图2-1所示。

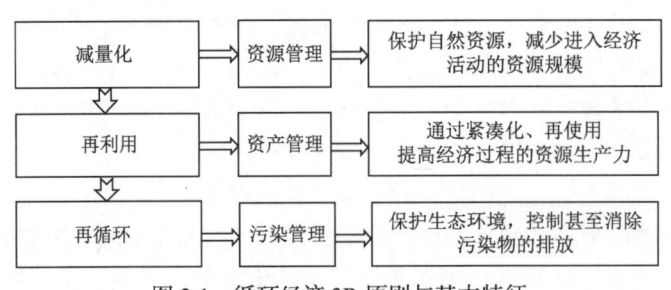

图2-1 循环经济3R原则与基本特征

1. 减量化原则

减量化原则是循环经济的第一原则，属于输入端的源头控制原则。这一原则不仅体现为生产者在输入端对物质能源投入量的削减，以最小化资源消耗，还体现为对废弃物资源进行分类或处理，以降低垃圾填埋总量的输出环节（罗喜英和高瑜琴，2015）。由于后者通常被认为是循环经济理念在末端治理中的资源利用效率改善问题，故减量化原则主要还是指物质资源使用强度的降低。在生产领域，减量化原则通常体现为通过技术创新、工艺改进等来减少物质流消耗，且产品包装应朴实环保，可重复使用或可回收利用，以减少废弃物排放总量。在消费领域，减量化原则体现为消费理念与消费行为的改变，即尽可能选择环保或可多次使用的商品及包装，在消费中贯彻环保意识，适当消费，节约资源。

2. 再利用原则

再利用原则是循环经济的第二原则，属于中间环节的过程控制原则。这一原则要求在商品生产过程中尽可能重复循环利用原材料或零部件,以使每一个零部件都具有可单独更换、可重复使用的价值,而不需要依赖特定产品,从而最大化零部件利用率,避免浪费。尤其在电子产品的生产中,更应强调标准化零部件生产的重要性,以减轻其损耗程度,使商品在消费过程中充分发挥其价值,延长产品的使用寿命。

3. 再循环原则

再循环原则是循环经济的第三原则,属于输出端的末端控制原则。这一原则要求生产者或政府等循环经济实施主体对生产或消费末端排放的废弃物进行再循环式的资源化利用,通过回收可利用部分的零部件,将其重新投入生产,使其再次回到消费领域,缓解生产过程中末端污染治理的压力。其中,资源化包括原级资源化和次级资源化两种。原级资源化是指将废弃物转化为同类的新产品,从而可减少 20%~90%的原生材料使用量,是最理想的资源化方式,如对废玻璃的循环利用等;次级资源化是指将废弃物转化为不同类型的新产品,从而最多减少 25%的原生物质使用量,废弃物的资源化程度较低,如制糖厂产生的蔗渣转化为造纸厂的生产原料等(范连颖,2006)。可见,再循环原则的重点应放在原级资源化方面,而这需要不断开发新技术以挖掘废弃物中可回收部分的比例,以大幅减少原生材料的使用总量。

4. 3R 原则的重要性排序

3R 原则虽然是循环经济的基本原则,但其重要性却不是同等的。其中,最重要的是减量化原则,即从源头进行资源管理,减少废弃物产生,节约资源消耗。源头控制从根本上降低了资源消耗的基数,从而使整个生产或消费过程的资源消耗或废弃物排放总量大幅减少,显著提高再利用与再循环水平;而再利用与再循环原则实施的最终目的,也是通过降低污染排放总量并将其中更高比例的废弃物重新变为可利用的资源,使其再次作为原料投入生产中去,从而间接减少输出端的资源消耗。另外,再利用原则的重要性高于再循环原则。原因在于,再利用原则一方面要求在生产过程中减少甚至避免废弃物的产生,另一方面要求在消费过程中尽量延长产品的生命周期,使其不要过早变为废品,它是对中间环节物质能量流动速度与强度的控制;而再循环原则本质上是一种末端治理方式,它主要对废弃物排放总量进行削减与控制,是一种事后处理措施而非事前预防手段(唐晓纯,2005)。综上可知,循环经济 3R 原则的重要性排序为减量化原则>再利用原则>再循环原则,减量化原则是循环经济思想的本质体现。

2.1.4 3R 原则在循环经济实践中的应用

循环经济的 3R 原则是对西方经济学中传统经济观的优化,即市场经济运行的目的不再是单纯地追求利润最大化或成本最小化,而是致力于实现资源配置最优化、人与自然发展和谐化、生态环境保护最大化等(唐晓纯,2005),从而使得经济社会发展逐渐朝着稳定、有序和可持续的方向迈进。而 3R 原则在循环经济实践中的应用体现在与相关市场经济活动的潜在联系,如产业结构高度化(吉小燕等,2006)、"三废"治理(李萌和杨志峰,2004;Ueta and Koizumi,2001)、节能减排(苗刚等,2008)、绿色包装设计

（王澜和杨梅，2008）等。

产业结构高度化是指产业结构横向调整的合理化与纵向投入产出比例演进的高级化，而影响这一结构改进的要素主要包括供给因素、需求因素与技术发展因素，3R 原则则分别体现为对各类要素的修正。首先，工业生产中对资源的巨大消耗导致了行业产业间的供给失衡，故为了提高物质资源的可持续供应能力，运用减量化原则从源头降低其投入总量与消耗强度的举措必不可少。例如，电动汽车的发明实现了能源利用方式从油气到电力的转变，从而减少了大量尾气排放。同时，在科学发展观和可持续发展战略的指导下，市场需求不再专指消费需求，还包括人们对环境质量的需求等，这意味着市场需要抑制过度消费以减轻大量资源产品消耗对环境造成的压力，而再利用原则可以很好地帮助实现这一目的，进一步平衡产业间的投入产出关系，引导公众理性消费。例如，人们可将自己不再需要的衣物或其他物品进行捐赠，或将玻璃瓶、硬纸板（盒）等包装材料卖给回收人员，使其重新回到市场当中，通过二次或多次使用进一步发挥其价值。目前市场上或大学里常出现的二手货商店、跳蚤市场等就是再利用原则的直接体现。除此之外，高新技术的发展是促进产业结构升级的重要动力，而技术创新的主要贡献在于提高生产和消费过程中的资源利用效率、减少环境污染，这是对再循环原则的直接应用。作为兼顾经济效益、资源效率和环境影响的循环经济相关技术，如清洁生产、节能减排、废弃物再制造与资源化技术等，其目的均是提高产品的再循环水平，从而促进各类产业的优化升级。

3R 原则在"三废"治理中的应用通常以固体废弃物为主，包括生活垃圾、农业有机固废和工业固废（李萌和杨志峰，2004）。废弃物处置是对使用寿命完结产品的后续处理工作，其减量化后的垃圾焚烧或填埋规模直接取决于产品使用末端的资源化程度。产品资源化程度越高，进入废弃物治理环节的垃圾总量就越少，那么在处理过程中废弃物的再利用与再循环程度可能就越高，最终排放到自然环境当中的垃圾总量就越少，人类经济活动对自然界造成的环境威胁就越小。在这一市场活动中，各类资源和产品的价值开始重新被审视，废弃物不再是无用之物，而是可以通过再循环被多次、循环使用的有价值的资源（罗喜英和高瑜琴，2015）。可见，再循环原则是这一经济行为中的重要原则，而这一重要性也同样体现在清洁生产和节能减排等循环经济理念指导下的市场活动中。

除此之外，绿色包装设计也是对循环经济 3R 原则进行综合应用的典型代表。在循环经济社会的构建中，对绿色包装设计要求在保持其完整性和独立性的前提下，最大化地实现包装的功能性和环保性。这意味着绿色包装设计不仅要从材料消耗上进行减量化，以避免过度包装，还要求在包装生产的过程中尽可能使用耐用性高、易清洁、易分解、多功能化的材料进行制作，以提高包装的重复使用性；而当包装使用完毕后，要进一步通过再循环原则对包装进行分类、零部件拆卸、再生资源的回收和有机材料的降解等，最大化绿色产品包装的使用价值，减少环境污染。

综上可见，循环经济 3R 原则的实施影响着生产与消费方式的转变、产业结构的优化调整与高新技术的创新升级等，对社会经济活动发展有积极的推动作用和较大的潜在贡献。

2.2 理 论 基 础

理论是指导研究、展开实证的重要基础，只有具备研究所需的科学、可靠的理论来源，研究分析及其结论才具有说服力和指导性。本节从物理学、生态学和经济学角度阐释循环经济发展与实践的理论基础和依据，以解释和说明循环经济理论的主要内容及本质，提出本书的理论基础。

2.2.1 物理学理论基础

循环经济理论是基于"物质闭环流动"这一核心原理提出的，因此循环经济理论具有浓厚的自然科学色彩。这一坚实的自然科学基础以物理学基础理论——热力学第一定律、热力学第二定律和耗散结构理论为支撑。具体来讲，热力学第一定律是指在一个封闭系统中，物质和能量既不能被创造，也不能被消灭，它说明了循环经济发展的可能性；热力学第二定律是指自然界物质能量的转化是有限的，能量从能够利用向不能够利用的状态进行单向且不可逆的转化，它证明了循环经济发展的必要性；耗散结构理论是指在开放系统下，通过与外界持续进行物质能量交换，系统可能产生突变，从混沌无序的状态转变为清晰有序的状态，它为循环经济的运行机理提供了理论根源。

1. 热力学第一定律

在经济活动中，家庭和企业的行为与决策形成了市场。通过对经济活动的规律性把握可知市场产生的原因及其作用。这一活动规律可通过一个基本模型——循环流动模型来展示。如图2-2所示，这一模型呈现出经济活动中货币与实物流动的循环方向——分别为顺时针和逆时针流动，且整个系统是一个封闭式系统，即所有的货币和实物都能在要素市场和产品市场上实现完全的循环流动，既没有被创造也没有被消灭。而这正是热力学第一定律的基本理论，即在一个封闭系统中，物质和能量既不能被创造，也不能被消灭，故也叫物质不灭定律（Callan and Thomas, 2012）。图2-2中，家庭（或个人）通过要素市场向企业提供资源或生产要素，企业将其转换为产品和服务，投入产品市场，供家庭（或个人）使用，以实物形式存在的资源既没有增加，也没有减少，而是通过转换成不同形式同时满足了消费者和生产者的需求；同时，家庭（或个人）消费产品市场的产品，货币则以相反的方向流向企业，成为下一次生产的经济来源。由此可见，热力学第一定律能够完全解释经济活动的循环流动模型。

进一步地，经济活动运行所形成的规律不仅可以解释经济内部的运行，也可以解释环境问题。甚至可以说，经济活动的运行方式和运行结果与环境问题有直接联系，而经济-环境系统的相互关系正是研究循环经济理论的起点。此时的循环流动不仅仅是在经济内部进行，更是将整个市场看作循环流动系统中的一部分，与作为另一部分的自然界之间的相互关系。这一关系体现为一个更加复杂的模型——物质平衡模型，如图2-3所示。

图 2-2　经济活动的循环流动模型

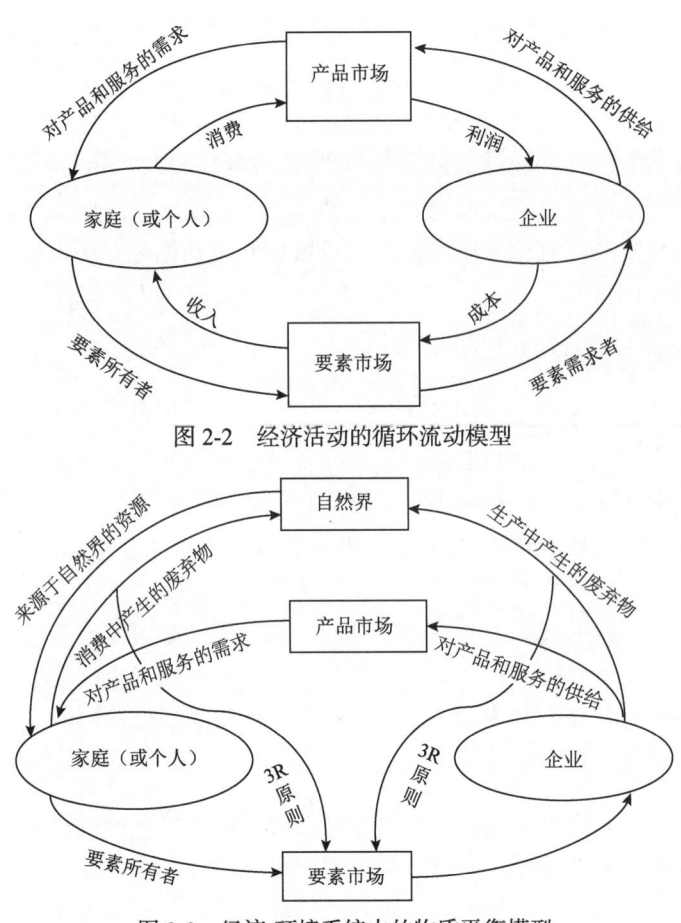

图 2-3　经济-环境系统中的物质平衡模型

物质平衡模型对热力学第一定律的应用体现在两个方面：一方面，从长期来看，取自自然界的物质能源在经济活动中将转化为消费品或生产品，这些原材料在转换过程中改变的只是形态而不会消失，但在经济-环境系统的整体循环中，这些物品最终将会全部变成废弃物重新投入自然界当中，而自然界又会利用其自身的自净能力和物质转换能力将这些废弃物重新转换为人类经济活动中可用的资源，物质在这个循环过程中呈现出平衡状态。另一方面，从短期来看，一些资源在生产过程中通过再利用或再循环或许不会马上转换为废弃物，但最终会全部变成垃圾重新被返还到自然界。综上所述，通过这一物质平衡式的循环流动，经济发展与环境保护共存这一循环经济的最终发展目标得以实现。可见，热力学第一定律很好地解释了循环经济发展的可能性，即人类可以实现经济与环境共生共荣的协调可持续发展。

然而，自然界的自净能力和对物质能量的转换能力不是无限延续的，而是有限的。因此，热力学第一定律揭示了循环经济发展的可能性，热力学第二定律进一步说明了循环经济发展的必要性。

2. 热力学第二定律

热力学第二定律是指自然界物质能量的转化是有限的，即能量从能够利用向不能够利用的状态进行单向转化（Callan and Thomas, 2012），这在物理学中称为增熵。熵是对分子热运动无序程度的度量，应用到经济环境问题中，熵可指经济运行的无序或混乱程度。如图 2-3 所示，通过观察在经济-环境系统中物质平衡模型所处的位置及其作用，可以明确经济活动的主要决策与自然环境的具体关系。根据热力学第一定律，因为物质能量不能被消灭，故似乎看起来物质流可以永久地循环往复下去。事实上，根据热力学第二定律，自然界物质能量的转化并非无限循环，物质能量尽管不会被消灭，但部分能量将从可用变为不可用，无法再投入其他环节的生产或消费中，即熵会变大。由此可见，经济活动中可以实现循环流动的资源也是有限的。当所有消费品或生产品都以废弃物的形式重新返回自然界后，只有一部分废弃物可以在自然界的转换作用下重新成为可用的资源投入经济生产，即便部分废弃物可被再利用，但这也只是延迟了其返回自然界的时间，而不是终止了这个过程。

因此，基于热力学第二定律，在经济-环境系统的发展过程中，环境污染与生态破坏成为不可回避的事实，人类必须从更加客观、全面的视角看待环境问题，并努力寻找改善和优化经济-环境系统的发展方式。

在这一动机的激励下，循环经济理论发展不仅具有可能性，还具有必要性。通过实施循环经济，将废弃物尽可能地在经济系统内部进行自我转换，包括再利用和再循环，使返还到自然界中的废弃物总量在环境的承载能力与自净能力之内，从而减少经济活动对生态环境造成的压力，促进经济-环境系统的协调发展。

3. 耗散结构理论

比利时著名科学家 Prigogine 提出耗散结构理论。该理论认为，在开放系统下，系统本是远离平衡态的非线性系统，然而通过与外界持续进行物质能量交换，系统可能产生突变，从混沌无序的状态转变为清晰有序的状态。这种在宏观上由无序状态萌发的，需要通过不断与外界进行物质能量交换才能维持的稳定有序结构称为耗散结构。

在传统经济模式下，经济系统产生的无序程度高的高熵废弃物直接被排放到自然系统，从而暂时减轻了对人类社会的危害；但随着高熵废弃物的不断增加，当其对环境的污染超过环境的最大承载力后，将迫使社会投入物质能量和经济成本来改善环境和生态系统，从而导致社会经济运行成本提高。而在循环经济模式下，生产或消费过程中产生的高熵废弃物会被重新加工成为原材料等物质，大部分废弃物会在下一轮生产或消费过程中被利用，只有少量无法再利用的废弃物会被排放到自然环境系统中，这种经济发展模式能够不断减轻经济-环境系统的无序程度，使其运行越来越有序和有效。因此，相对于传统经济发展模式，循环经济发展模式是一种复杂而有序的耗散结构，能够实现物质能量从无序到有序的逆向转化，使经济-环境系统维持一种长期稳定的发展状态。可见，循环经济的运行机理可以从耗散结构理论找到物理学根源。

2.2.2 生态学理论基础

循环经济是经济生态化的表现形式，生态学是循环经济最核心的学科理论基础（刘贵清，2013）。自然界本身有一套完整的循环运行模式，在系统内部，所有资源可以被循环利用，各个物种能够和谐共存，而生态学的共生原理、自生原理和再生原理正是从不同角度阐释生态系统的这一现象与功能。人类正是在经济发展过程中借鉴了生态系统这一内在运行规律和模式，从而提出了循环经济理论。循环经济体现了人类在力求与自然界共生发展的过程中，通过将生态系统运行的基本规律运用到经济-环境系统，循环利用物质资源，保证经济活动对自然系统的干预不超过其自身调节能力和环境承载力，从而实现经济系统与生态系统共存发展的目标。

1. 协同发展的共生原理

现有的生态系统是经济系统、社会系统和自然系统相互耦合的复合型生态系统，在这一系统内，人口、经济、社会与自然环境、资源之间相互依存，共同发展（马世骏和王如松，1984）。这种系统内部各部门间互相作用、共同发展的关系称为共生关系。狭义的共生关系是指各个物种以无害于对方的方式共存；广义的共生关系是指生态系统中的各种生物需通过彼此间的相互影响和相互作用，在一个能实现所有物种长期、稳定、和谐共处的环境中生存（林恩·马古利斯，1999）。

人类作为自然界的一个物种，与其他物种共同生存，如果为了攫取人类自身的利益而危及其他物种的生存，大自然各物种间的平衡发展会被破坏，最终亦将危及人类自身。传统的经济发展模式已经让这一恶果开始蔓延，许多珍稀动植物濒临灭绝或早已灭绝，生物种类减少，人类与其他物种间的平衡共生关系很大程度上被破坏。如果不重视并修复人与自然界的共生关系，经济发展会朝着不可持续的方向迈进。循环经济理念则是在兼顾经济发展与生态保护的基础上运用协同发展的共生原理，通过闭环式物质流动的方式，既发展经济，又尽可能减少对生态系统的损耗，从而形成人与自然良性互动、共生共存的发展模式。

2. 动态平衡的自生原理

生态系统内部有其自身的有序结构和调节功能，如果系统在一定程度上受到外界干扰，可通过自身反馈机制进行调节，以维持系统的相对稳定性和有序性。这一行为是生态系统在长期演化过程中形成的内在生态规律，称为自生原理。然而，如果外界对生态系统的干扰超过了生态系统的负荷与分解能力，生态平衡就会遭到破坏（刘贵清，2013），而这个临界点就是生态环境的最大承载力。

在传统经济发展模式下，人类经济活动对生态系统的干扰超出了系统自身的调节能力，破坏了系统的自生机制，使经济社会与生态环境的发展背道而驰。而循环经济通过减量化、再利用和再循环过程，尽可能让经济行为对生态系统的干扰保持在可承受范围内，修复和保护生态系统的自生机制，从而进一步保证经济-环境系统长期稳定有序的发展。

3. 循环再生原理

在人类出现之前，生态系统是一个高效稳定的循环再生体系，有其完整的物质循环链条。生态系统可以通过自我循环和自我调节功能重新分解大自然中的废弃物,并将其再生产为新鲜的养料投入下一轮循环中。在这一过程中,自然界中有限的物质资源与能量可以被无限循环利用(刘贵清,2013),这一运行原理称为循环再生原理。

在人类出现并开始走上工业化发展道路后,传统的经济发展模式使自然生态系统的循环再生体系被打破。人类掠夺式地从自然界获取资源和能量,进行工业化生产,人类成为自然生态系统中最大的消费者,而在工业化过程中排放的大部分废弃物和垃圾(如塑料、有毒物质等)却被排放到自然界中,这些物质无法进行分解和再利用。这使生态系统不能自发地完成"生产—消费—分解—再生产"这一循环过程,越来越多的资源被开发殆尽,原本就有限的物质资源变得更为短缺,生态环境的不可循环性和经济发展的不可持续性问题越发严重。

与之不同的是,循环经济是以闭环物质循环为特征、以物质资源循环利用为核心的经济发展模式。这一发展模式将人看作自然界的一个组成部分,将人类经济社会活动协调融入自然生态系统中。在生产和消费过程中,生产者会尽可能降低资源投入,提高资源利用效率,减少对生态环境的污染或破坏,从而保护并维持生态系统的自我循环功能。这一经济运行方式体现在生态工业园区中,就是将某一行业的上下游企业结合起来,将上一生产环节中产生的废弃物通过资源化处理变为下一生产环节的原材料,从而实现物质资源的循环利用和废弃物的零排放,达到人与自然和谐发展的目的。可见,循环经济理念体现了对生态系统自我循环能力和自我修复能力的尊重与肯定,而这一理论也很好地解释了循环经济 3R 原则要分别从输入端、中间环节和输出端规定资源的节约与高效利用的原因——通过尽可能实现废弃物"零排放"来保护环境的自净能力,从而实现物质资源在经济-环境系统内的循环流动,保证经济与环境之间的协调可持续发展,如图 2-4 所示。

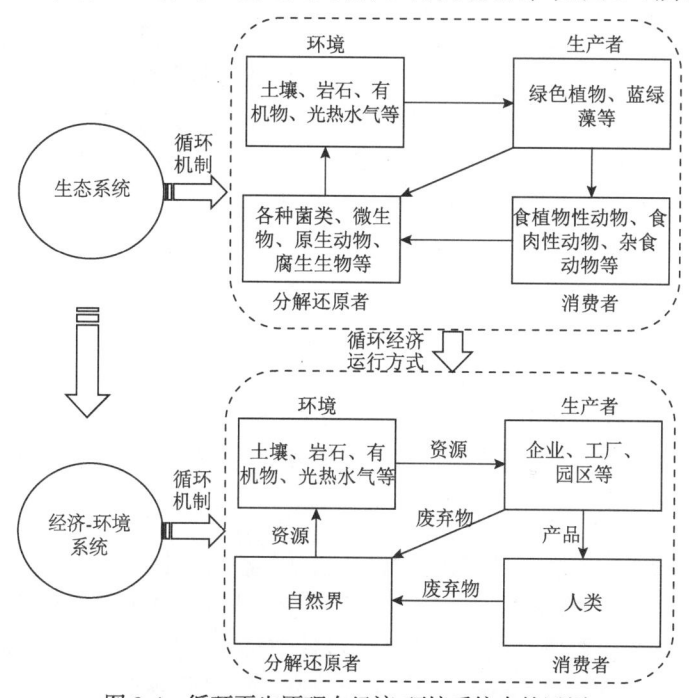

图 2-4 循环再生原理在经济-环境系统中的运用

2.2.3 经济学理论基础

经济学研究的核心问题是如何利用资源的稀缺性以实现物质资源的最优化配置，而循环经济就是要在自然资源逐渐稀缺的现实状况下，实现资源更少的消耗与更高效的利用。从经济学角度讲，资源的稀缺性、功能多样性和有价性解释了循环经济理论建立的前提与意义，外部不经济理论及其解决方法集中体现了循环经济发展中末端污染治理的重要性，而生态经济学正是从根本上阐明了生态学与经济学的有机联系，体现了循环经济发展的经济学本质，是当今研究循环经济问题的核心理论。

1. 资源经济理论

1）稀缺性与功能多样性

自然资源具有两个显著特点：一是稀缺性，二是功能多样性。稀缺性意味着自然资源的绝对量是有限的，如果不加节制地使用，资源总会枯竭；功能多样性意味着同一种自然资源可以作为多个产品生产的投入要素。自然资源的稀缺性和功能多样性意味着人类活动与经济发展必然要受到自然资源条件的约束。因此，人类在对自然资源进行开采与利用时应该全面评估自然资源的价值、审慎计算资源获取成本，从而尽可能合理地配置资源，实现经济发展与资源再生的良性循环互动。从这一角度出发，如果人类在生产过程中注重生产环节从投入到产出全过程的资源节约与高效利用，包括资源投入的减量化、原材料的再利用化和废弃物的再循环化；在消费过程中注重包装的再回收利用、不过量消费等问题，那么就是在重视资源稀缺性和多用途性理论的基础上采取了有效措施，而这一措施正是循环经济理念的主要内容。

2）资源有价论

古典的劳动价值论认为只有人类生产性的劳动才创造价值，自然资源的形成没有通过劳动，因而没有价值。这种观念导致了人类在经济活动中对资源的严重浪费，使经济发展面临越来越严峻的资源环境约束。越来越多的学者认识到，自然资源天生就是具有价值的。自然资源的价值基础来源于自然资源的稀缺性、有用性和所有权的垄断性（尹晓红，2009），这些价值最终体现为人类经济活动的物质基础——自然资源。既然资源的使用是有偿的，那么在经济发展活动中，如果不计环境代价一味地搞生产、促消费，就是在增加经济活动的成本，这在经济学决策中是不理性、不持久的。因此，为了减少经济发展的环境成本，应将生态环境也列为与经济社会并列的一大因素予以考虑，既要重视经济发展成果，也要致力于降低环境成本。在这一经济目的下，循环经济应运而生，在发展经济的同时注重资源和成本的节约，力求经济发展成果能够体现资源生态学与经济学的双重价值。可见，资源有价论从价值角度解释了循环经济发展的资源经济学意义。

2. 外部不经济理论

在传统价值观念中，自然资源不具有价值，因此也没有价格，不需要界定产权，它更多的是作为一种公共物品供人们享用。而人们对公共物品的使用没有竞争、无须付费，因此很容易过度使用公共物品或者忽略使用过程中对公共物品的保护。就像空气等看似无限免费的自然资源，在人们的过度使用下，都遭到了不同程度的污染或浪费，导致人们生活质量受损等，由经济活动带来的资源环境问题凸显。这一问题在经济学领域称为外部性问题，即私人经济行为给他人或社会造成损失或带来收益，且损失和收益没有反映在市场价格中。如果这项经济活动使得他人或社会得到额外的收益，则称为外部经济；如果这项经济活动使他人或社会遭受了额外的损失，则称为外部不经济，如河流上游造纸厂排污对下游居民造成影响。我们在生活中所面临的环境污染与治理问题集中体现在外部不经济理论上（王守安，2005）。

用循环经济理论解决环境污染问题的办法是将环境因素纳入经济社会发展中，在力图实现经济社会效益的同时提高环境效益，即把外部性内在化。将环境污染或资源破坏造成的社会额外成本转变为私人内部成本，把外部问题内在化，使人们在生产或消费过程中会因考虑环境代价而尽量控制或减少污染，环境问题在一定程度上可能得到改善。外部不经济理论及其解决方式集中体现了循环经济末端治理问题的经济学理论基础（波隆斯基和威蒙萨特，2000）。

3. 生态经济学理论

循环经济的核心理念是资源的高效循环利用，即强调资源投入的减量化，从而提高经济发展的质量和效益。而生态经济学的本质则是最大限度地保护和节约资源（张帆，1998）。从侧重于生态学的角度来看，循环经济通过借鉴自然生态系统的循环再生原理，建立了经济-环境系统的运行机制；从侧重于经济学的角度来看，循环经济通过"低消耗—高利用—低排放"的循环生产模式，构建了"资源—产品—再生资源"的物质循环体系。

生态经济学强调以物质循环、能量转换、信息传递和价值增值系统功能分析自然资源与生态环境价值，这一基本理论和分析方法正是当今研究循环经济问题的基本理论与分析方法（吴玉萍，2005）。循环经济本质上就是生态经济，它将经济系统、社会系统和生态系统作为一个统一体，从根本上化解生态环境与经济发展之间的冲突，从而实现经济活动生态化。

2.2.4 以上理论对循环经济发展的贡献

从基于物理学的相关经典理论来看，热力学第一定律、热力学第二定律及耗散结构理论分别为循环经济思想建立的可能性、必要性与运行机理的设计奠定了物理学基础。热力学第一定律说明，当物质运动从市场经济领域拓展到经济-环境领域时，物质能量仍能保持循环流动，经济活动的循环流动模型（图 2-2）可扩展为经济-环境系统下的物质平衡模型（图 2-3），这一定律为循环经济理念的萌芽提供了可能性。而热力学第二定律的提出，证明了自然界的自净能力和对物质能量的转化能力并非无限，而是有限的，因此，环境污染、生态破坏成为经济发展中不可回避的事实。人类必须以更加客观、全面的视角看待环境问题，即通过最大化地循环利用物质能量，尽可能减轻经济活动中造成的环境破坏，以保持经济-环境系统的平衡。这一定律为循环经济思想建立与发展的必要性提供了理论支持。同时，循环经济理念的内涵与特征决定了这种方式下建立的经济社会将呈现一种复杂而有序的耗散结构，即在循环生产方式下，大部分废弃物被循环利用，只有少量废弃物会被排放到自然界,物质能量将从无序状态重新转变为有序状态,经济-环境系统的可持续发展得以实现。由此可见,物理学中的耗散结构理论为解释循环经济发展的运行机理和终极目标提供了重要的思想贡献。

从基于生态学的相关经典理论来看,共生、自生与再生理论是循环经济理论建立并颠覆、转变传统经济观念的重要生态学理论支撑。传统经济发展观认为,自然界的一切都是为人类活动服务,人类要尽可能地征服自然、改造自然。生态学则强调,人类只是自然界和生态系统中的一份子,要学会以参与者而非主宰者的角色,对有限的物质资源进行合理利用,不肆意污染或破坏环境,不随意浪费或消耗资源,通过人与自然的和谐共生来实现人类社会更加长远、稳定的发展。因此,共生原理、自生原理和再生原理分别通过阐释自然界各物种间的相互包容与共存关系,生态系统内部所具有的自我调节功能和循环再生功能等,为循环经济相关概念、内涵、原则、特征及发展方式等主要内容的确立提供了生态学基础。

从基于经济学的相关经典理论来看,资源经济理论与外部不经济理论为循环经济增长方式的提出与应用奠定了经济学基础;生态经济学通过将生态学与经济学进行有机融合,从而体现循环经济的本质思想。人们逐渐认识到资源的稀缺性和有价性,才逐步从更广义的视角界定成本与收益的范围,即将环境成本纳入成本计量,将生态价值纳入收益核算。在循环经济理论的发展过程中,国内外开始用更加系统、全面和科学的眼光审视产业结构优化(吉小燕等,2006)、消费市场转型(Sønderskov and Daugbjerg, 2011)、商业运作模式创新(Charonis, 2012)等经济问题。外部不经济理论强调要将环境因素纳入成本核算以求最大化社会经济效益,因此构成循环经济理论中关于解决环境治理与绩效评价问题的主要理论来源之一。除此之外,生态学与经济学的有机融合促成了生态经济学理论的产生,这一理论从物质循环、能量转化、信息传递和价值增值系统功能等角度分析自然资源与生态环境价值在经济社会活动中的作用,它体现了循环经济理论的核心内容,即循环经济本质上就是一种生态经济。换言之,生态经济学对循环经济理论的建立与发展起到了关键性的导向作用。

2.3 文献综述

为了对循环经济领域在方法研究上的突破与改善进行思考,本书将首先对这一主题相关领域的研究成果进行综述,包括循环经济兴起与沿革、循环经济相关理论和循环经济相关定量评估方法三个方面。其中,对循环经济相关定量评估方法的综述与梳理是提出本书主要研究视角的重要文献来源,也是综述的核心内容。

2.3.1 循环经济兴起与沿革

循环经济思想的兴起及其沿革是循环经济理论发展的源泉和起点。不同的理论引进方式和发展历程决定了各国不同的循环经济研究方向和战略重点。这部分综述从历史沿革的角度为研究开展提供了文献支撑和理论依据。

1. 国外循环经济的兴起与沿革

第一次工业革命最早在英国发生，进而向欧洲大陆和北美推进。随着工业革命的完成，西方发达国家进入工业化时代，有学者逐渐意识到工业化发展方式的不可持续性，即它是以牺牲环境为代价来促进经济发展的。在此背景下，循环经济思想被提出。循环经济理论的兴起及其发展是由国外学术界率先引领的。

在工业化发展初期，农药的发明极大地提高了农产品的生产效率，但却对环境造成了严重破坏，在鲜有人关注环保问题的时刻，Carson（1962）出版了 *Silent Spring*（《寂静的春天》）一书，首次针对农药带来的环境问题提出警示。她指出，人们正在以毁灭已有的生态文明为代价创造着工业化时代的新文明，如果不能在工业化进程中兼顾对自然界的关注与保护，那么人类将在这种不可持续的经济发展过程中灭亡。

20 世纪 60 年代，美国经济学家 Boulding 基于对人与地球关系的辩证思考，提出了"宇宙飞船经济理论"。他认为，人类若想在地球上长期、良好、稳定地生存与发展，就必须与地球上的其他物种和谐相处，对地球上的自然资源进行循环利用，以维持并延长地球寿命，使自身的世代繁荣成为可能，而传统的依赖资源消耗的线性经济增长方式是不可持续的，应向资源闭环式流动的循环发展模式转变。Boulding 的观点是循环经济理论的雏形。

1972 年，罗马俱乐部（The Club of Rome）发表了 *Limits to Growth*（《增长的极限》）白皮书，指出资源消耗、生态破坏、工业生产等都是有极限的，全球生态系统的自我修复能力遭到严重破坏，若人类仍以粗放式的生产方式发展下去，人口与经济最终会因达到增长的极限而崩溃。在这一报告发表的几个月后，首次世界性环保主题会议——联合国人类环境会议在瑞典斯德哥尔摩召开，有 113 个国家及地区的 1300 多名代表参加了此次会议。会议通过了《人类环境宣言》，标志着全人类对环保问题的觉醒，是世界环保史上的里程碑。

1987 年，世界环境与发展委员会发表了 *Our Common Future*（《我们共同的未来》）一书，书中首次对可持续发展一词进行了权威界定，是指既能满足当代人的需要，又不对后代人满足其需要的能力构成危害的发展。

1992 年，联合国环境与发展会议在巴西里约热内卢召开，会议通过了《关于环境与发展的里约热内卢宣言》《21 世纪议程》以及《联合国气候变化框架公约》等重要文件，此次会议是继联合国人类环境会议之后规模最大、级别最高的一次国际环保会议。

2002 年，第一届可持续发展世界首脑会议在南非约翰内斯堡召开，会议通过了《约翰内斯堡可持续发展宣言》和《可持续发展世界首脑会议执行计划》两大重要文件，并确立了可持续发展的三大支柱——经济发展、社会进步和环境保护。这次会议是世界环保发展史上的第三座里程碑。

2. 国内循环经济的兴起与沿革

"循环经济"一词及其相关理论是我国学者从国外引进的。闵毅梅（1997）最早对德国的《循环经济与废弃物管理法》进行介绍，之后，我国学者开始逐渐关注循环经济这一研究主题，并从学习考察国外循环经济研究现状与经验入手展开研究。可见，我国循环经济的兴起与国外学术界有所差别,即不是发源于国内,而是作为舶来品被学习、吸收。纵观现有文献,我国循环经济理论的兴起与沿革可划分为四个阶段。

第一阶段为1994~1997年,我国尚处于循环经济理论的研究初期,主要以探讨环境问题及其保护为落脚点(陈敏和吕莱,1997;楼瑾,1997;丁学俊和冯慧雯,1999),成果较少,尚未正式从循环经济角度进行理论研究。

第二阶段为1998~2003年,自我国学者诸大建(1998a,1998b)等首次对德国废弃物管理进行考察,深入接触到循环经济理论后,循环经济一词才开始正式进入我国学者的研究视野。这一时期的研究成果主要集中于循环经济概念与理论研究、国外企业循环经济发展经验总结、循环经济技术创新手段、废弃物综合利用、生态工业园区发展模式及循环经济法律法规体系等方面的内容(陆钟武,2003;王如松,2003;曲格平,2002;段宁,2001)。这一阶段研究成果有所增加,但总量不大。

第三阶段为2004~2007年,自从循环经济一词被写进2004年政府工作报告后,循环经济理论研究就进入一个新阶段,各种研究成果大量涌现。同时,随着政府在全国范围内开展循环经济企业、园区、城市和区域的试点工作,循环经济实践开始。这一阶段的研究成果试图将循环经济理论与实践相结合,探讨循环经济与生态工业、制度创新、法治建设等结合的研究主题,试图找出循环经济发展的独特性(马金华,2007;曹光辉和齐建国,2006;李兆前和齐建国,2004;牛桂敏,2004)。

第四阶段为2008年至今,在循环经济实践逐渐展开之后,学术界对循环经济发展成果的评价及其方法研究开始增多,这一阶段的研究成果以循环经济的理论深化与定量评估为主(张娟等,2016;李富佳等,2015;董鸣皋,2014;周宾等,2010;杨志和张洪国,2009;诸大建和邱寿丰,2008),但总体成果数量有所下降。其原因可能在于循环经济发展在实际操作和绩效评估上面临困难,与之对应的理论研究也遭遇瓶颈。

综上所述,国外对循环经济理论的研究开展较早,发展沿革较为悠久,在此过程中形成了一系列丰富且经典的代表性成果。而国内循环经济理论发展起步较晚,且因其引自国外,故我国学者对循环经济理念及其内涵的认识尚处于初级阶段,加上这一理论需要与经济社会发展特征相结合,故其发展还要经历一段较长的时间才能稳步迈入新阶段。

2.3.2 循环经济相关理论

国内外学者均从循环经济的基本概念、主要原则、发展模式、理论框架或价值观重塑等方面对循环经济相关理论进行探讨。对这部分文献进行综述是本书开展循环经济定量评估方法及应用研究的重要理论基础。

1. 国外循环经济相关理论

国外学者对循环经济基本概念的理解可追溯到不同的学科流派。巴里·康芒纳(1997)在《封闭的循环》一书中对全球各类生态危机、环境污染问题进行了详细论述,并从生态学角度提出了"封闭循环"这一概念。巴里·康芒纳认为,人类应重新将自然界看作一个封闭的圈子,人类在其中必须依靠与其他物种的和谐相处,依靠对自然资源的循环利用来保护生态环境的承载力,这样才能继续生存下去,否则人类会因为不断攫毁生态圈而面临更大的危机。莱斯特·R. 布朗（1984）从可持续发展的视角入手，认为当前经济发展模式应从不可持续向可持续转变，并从资源保护、土地规划、生态稳定、社会消费方式转型、可再生能源开发等方面提出了具体设想，倡导人们通过构建可持续社会实现更长远的发展。Pearce 和 Turner（1989）将传统开放式经济系统向闭合式循环经济系统的转变看作热力学定律的结果，并首次提出了循环经济的概念，认为以提高资源管理效率为核心理念发展循环经济，推动全球经济活动融入地球的大生态圈，可从根本上促进可持续发展的实现。Erkman（1997）从产业生态学的角度将产业系统和生态环境看作一个共同的生态系统，在该系统内，生物圈内的资源与服务可以用来实现物质、能源与信息的循环流动。产业生态学也逐渐成为企业改进生产效率或者政府制定可持续发展战略的重要理论来源。Strebel 和 Posch（2004）基于资源经济学理论，从资源稀缺的角度对循环经济进行定义，即人类应借鉴大自然的生态系统运行模式，在社会经济活动中对物质资源进行规律性的循环使用，以实现生态平衡下的可持续发展。

Howard 和 Elisabeth（2001，2006）提出了一种理解循环经济的新观点，即脉冲模式。作者指出，任何生物体在经历了生长和演替后都会趋于衰退和终止，这一过程在天气系统、海洋领域甚至人类经济中都有所体现。从经济活动角度来看，脉冲模式主要包括四个阶段：①增长期，表现为增加的净产值、较低的资源利用效率及持续增长的环境压力；②过渡期，高增长向稳态的转换阶段，表现为净产值的最大化、经济增长率下降、资源使用效率提高及环境负荷减小；③去增长期，表现为净增长的停滞、资源利用效率最大化及环境压力的持续下降；④资源储备期，表现为低能耗、消费减少，为下一轮新的循环做准备。在这一系统中，经济与人口的发展受制于资源的有效性，而这一有效性在高增长阶段和资源重新储存阶段是相对次要的，但在转换阶段和去增长阶段则起到关键作用。可见，循环经济主要在第二、三阶段起到关键作用，即通过采用适当的资源再利用、再循环手段增加资源使用在生产或消费过程中的有效性，从而尽可能延长稳态阶段，实现资源利用效率的最大化，且帮助经济相对平稳地渡过衰退阶段。这一观点进一步说明，当经济发展进入相对稳定的增长阶段时更需要关注经济与环境的共生与持续发展，而资源利用效率的改进则是实现这一目标的根本手段，这也正是循环经济理论的核心思想。

Ghisellini 等（2016）认为循环经济提供了一种可靠的理论框架，即预防性的、可再生性的生态产业理论，从根本上改进了现有的商业模式和经济增长方式，恢复了生态系统的完整性，增加了社会福利。他们还从循环经济的起源、原则与局限、方法模型、全球主要国家的实施状况及指标体系等多个方面，基于 Web of Science 和 ScienceDirect 这两个国际性权威数据库，对近三十年的国内外循环经济研究成果进行了详尽综述。总体而言，大部分研究均针对循环经济实践进行案例分析，且分别从微观（企业或消费者）、中观（生态工业园区）和宏观（城市、省、区域和国家）三个层面展开（Groothuis，2014；Su et al., 2013；Mathews and Tan，2011；Veiga and Magrini，2009；Mirata and Emtairah，2005；van Berkel and Curtin，1999；Fresner，1998；Lowe et al., 1995），而只有相对较少的研究集中在循环经济理念下的商业模式分析（Czech and Daly，2004）、资源利用与经济增长的去耦合问题（Wang et al., 2013；Yu et al., 2013），以及循环经济指标设计（Geng et al.，2012；Feng and Yan，2007）等主题。尤其是循环经济指标方面的核心成果较少，本书认为有必要对此展开更多的研究。

2. 国内循环经济相关理论

诸大建和朱远（2006）提出需从定位研究、理论研究和战略研究三个方面对循环经济展开进一步讨论。他们指出，日本和德国循环经济发展的定位是将其作为环境管理模式，主要关注 3R 原则中的再循环原则，而循环经济发展一开始就是自上而下地将其作为经济发展模式予以重视，即通过 3R 原则提高各类物质资源的全过程生产率。因此，本书基于生态经济学，从方法论角度提出"对象—过程—主体"拓展模型，使循环经济理论及其发展不再是以固体废弃物循环利用为主线的传统模式，而拓展成各主体在经济全过程中对主要物质资源进行系统利用与管理的多维模型，如图 2-5 所示。

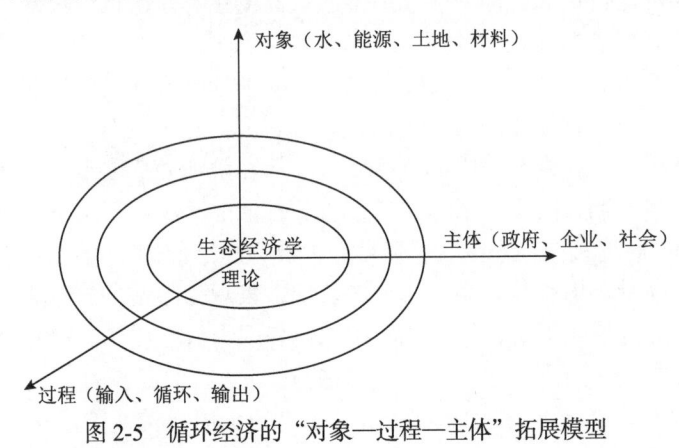

图 2-5 循环经济的"对象—过程—主体"拓展模型

董骁（2007）从循环经济动力外部性、规模经济和资源跨期配置的角度分析了循环经济在经济效益方面动力不足的问题，即基于微观经济学视角为循环经济发展在市场机制上的完善提供理论分析。

周英男等（2013）应用文献检索与半结构化访谈的方法，将影响循环经济发展的产业化因素，分别从循环经济内部结构、政策环境和消费理念等方面进行了分析，具体包括合适的实施载体、信息交换机制、消费端的废弃物处理措施等十项因素。

孙曰瑶等（2014）从企业循环经济发展的经济价值角度提出循环系统的稳定发展依赖三种模式的相互作用，即物质循环、价值循环和品牌循环；物质循环和价值循环使企业能够顺利发展与盈利，品牌循环使企业盈利模式从资源导向向非资源导向转移，即企业盈利兼顾物质资源的可持续发展，为经济与环境的相互耦合提供了一种可供参考的思路。

涂自力和陈桃（2015）从循环经济理念的价值观重构角度对国内外循环经济理念的价值观基础进行分析，发现国外循环经济思想是经历了对传统价值观的批判和新型生态价值观的萌芽与重塑后才提出的；我国是从国外引入的循环经济理念，引入后是由政府引导、自上而下推进的，这使我国循环经济发展并没有与之对应的价值观基础，再加上我国传统价值观对应的是商品经济，这又与循环经济理念相悖，如图 2-6 所示。可见，价值观基础的缺失是造成我国循环经济建设困境的根本原因，而民众价值观的转变是循环经济健康发展的必然选择。

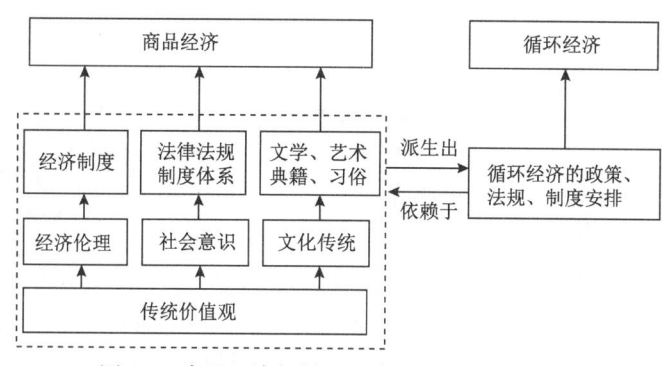

图 2-6　商品经济与循环经济价值观基础对比图

王建辉和彭博（2016）指出在西方发达国家追求利润最大化的资本逻辑驱动下，"大量生产—大量消费—大量废弃"的传统工业生产方式破坏了自然界的物质资源循环系统，而循环经济是在遵循自然生态规律的基础上对经济发展模式的重构，即通过"资源—产品—再生资源"的经济循环发展模式，将自然生态循环、人类生命循环及社会经济循环重新融为一个整体，实现共生发展。

综上所述，在研究循环经济理论时，国外学术界具有与之对应的价值观基础（理论源自国外），故研究深度较深，且注重从国际视角来分析全球性循环经济发展；在社会各界主体如研究学者、政府机构、国家协会和国际组织的推动下，形成了一系列经典的理论、报告甚至国际性文件，为全球环境问题的解决奠定了扎实的理论基础。与之相比，我国更多地从国内视角对循环经济问题进行研究，理论研究成果主要涉及循环经济概念和原则、发展困境、运行模式、机制与政策完善等各个方面，尽管研究角度多样化，但尚未形成一些具有权威性或较强参考性的成果，研究的广度与深度仍需进一步加强。

2.3.3　循环经济相关定量评估方法

国内外常用的循环经济评估方法较为多元化，而本书对循环经济相关定量评估方法的研究主要从两个角度展开：一是循环经济发展评价指标体系的构建，这是国内外学术界考察循环经济发展水平的主要评估方法之一，通过设计或选择具体的循环经济评价指标并构建指标体系，尽可能科学完整地呈现出各类主体循环经济发展的现状、特征、趋势和问题；二是利用各类定量模型对循环经济发展进行评估，由于模型本身具有较强的方法论基础与科学的计量统计工具，故其评估结果的严谨性、可靠性及统计学意义能够得到较好保证，可较为准确地刻画循环经济的真实发展水平。如何在兼顾评估方法的综合性、系统性、科学性和可操作性等原则下，实现指标体系与评估模型的有效结合，为循环经济发展评价的方法研究提供参考标准，是本书希望通过相关文献梳理得到启发，从而尝试回答和解决的问题。

1. 国外循环经济相关定量评估方法

国外循环经济发展评价指标体系的建立，一是以如世界银行、联合国或欧盟等国际性机构为主导，建立区域性循环经济或可持续发展评价指标体系，试图提供一个可比较的评价标准，用以各国循环经济发展的对比分析；二是各国学者基于循环经济内涵提出相应的指标体系框架，以期从不同角度对循环经济评价标准予以完善。另外，国外基于综合模型的循环经济评价方法以物质流分析（material flow analysis，MFA）、生态效率（ecological efficiency，EE）和生态足迹（ecological footprint，EF）为主。

1) 国外循环经济评价指标体系

1970年，经济合作与发展组织（Organization for Economic Cooperation and Development，OECD）利用"压力—状态—响应"（pressure-state-response，PSR）模型研究区域环境问题，这一模型分别从人类活动对环境产生的压力、自然资源与环境现有状态及国家机构对这一现状的响应三个方面对环境状况进行评价（Organisation for Economic Co-operation and Development，1993）。该模型缺乏对"人类活动—环境—机构"三者间相互作用机制的深入分析（殷克东等，2002），故在此之后，联合国对这一模型进行了改进，提出了包含134个指标的"驱动力—状态—响应"（driving force-state-response，DSR）模型，这一模型纳入了更多的资源环境指标，如温室气体排放量、臭氧层物质消耗量、生物多样性等，强化了环境、经济、社会与制度间的逻辑联系，并进一步尝试从低碳角度评估可持续发展。同时，世界银行基于环境监测和可持续发展的角度，对包括生物多样性、水资源、空气、森林等在内的各类环境问题进行讨论并形成报告，提出了一套评价可持续发展水平的综合指标体系。该体系包括环境、社会、经济和制度四大主题，其中，环境类主题由资源、废弃物、生命保障、人类健康影响因子四个子系统构成，指标数量占其总数一半以上（World Bank，1995）。可见，缓解环境压力是实现可持续发展的关键环节，而作为推动可持续发展的重要手段，循环经济发展的核心也在于对资源环境的合理利用与保护。因此，监测环境与评价可持续发展的相关指标是建立循环经济发展评价指标体系的重要来源。

之后，日本在构建循环型社会的战略引导下，从生产、投入、消费等方面提出了循环经济定量化发展指标，即直接物质投入（direct material input，DMI）、国内过程输出（domestic processed output，DPO）、资源利用效率、物质利用寿命、废弃物再资源化率和废弃物循环利用率，并最终确定以资源生产率、废弃物循环利用率和废弃物最终处置量作为评价循环经济的三个核心指标（Ariyoshi and Moriguchi，2004）。欧盟委员会则从物质循环流动的角度提出了全国性物质流核算与平衡的总体框架和具体指标，并从投入、输出、消费和平衡四个方面建立了一个宏观的物质流指标体系（Eurostat，2001），如表2-1所示。其中，DMI和DPO是日本及欧盟评价指标体系中的共有部分，这说明在循环经济的投入与输出环节，日本与欧盟各国可进行循环经济发展水平的对比分析。由此可见，在选择和设计指标时应基于本国循环经济及经济社会发展的阶段性特征，兼顾其与国际性指标体系的统一性和可比性，增强指标体系的实用性与普适性。

表 2-1 欧盟物质流指标体系

分类	指标名称	指标英文缩写
投入	直接物质投入	DMI
	物质总需求	TMR
	物质总投入	TMI
输出	国内过程输出	DPO
	国内物质总输出	TDO
	直接物质输出	DMO
消费	国内物质消费量	DMC
	物质总消费量	TMC
平衡	净增加存量	NAS
	物质贸易平衡	PTB

资料来源：Eurostat. Economy-wide material flow accounts and derived indicators: A methodological guide [R]. Luxembourg: European Commission, 2001.

除此之外，国外学术界还从不同角度对循环经济评价指标进行研究。Veleva 和 Ellenbecker（2001）从生产角度，基于 Lowell 中心的五级可持续生产指标框架提出了可持续生产评价指标体系，指标体系选择与评价的最高目标是衡量在生态系统的承载容量内，企业生产对人类发展与生命质量带来的长期影响；指标体系包括 22 个核心指标，分别涉及能源物质使用、自然环境、经济效益、社区发展与社会公平、劳动力及商品六个领域。Zaman 和 Lehmann（2013）基于废弃物管理系统，提出废弃物转换比率（waste diversion rate，WDR）和零排放指标（zero waste index，ZWI），分别用以衡量废弃物管理系统的运行成效和原材料转换的潜力。Park 和 Chertow（2014）基于资源范式的角度重新定义废弃物，将再利用潜力指标（reuse potential indicator，RPI）作为量化各行业废弃物二次或多次利用程度的指标，并将煤炭燃烧的副产品（coal combustion by-product，CCB）总量作为计算这一指标的数据来源；Park 和 Chertow 认为，尽管这一指标不能直接反映物质资源的物理、化学或矿物学特征，但可以间接反映废弃物管理技术的进步及其带来的影响，并且可以试图分辨哪些物质具有潜在利用价值且在经济上可行，而哪些循环生产的技术改进由于其投资回报率较低而需另谋他法。Maio 和 Rem（2015）从再回收角度对循环经济定量指标的设计做出了新的考量。为了保证指标概念的简洁性、评估成本的可接受性及数据的可获取性，兼具考虑指标与政策间较强的关联度，Maio 和 Rem 基于产品生命末期（end of life，EOL）理论提出了一个新的比率类指标——CEI，即 EOL 产品回收利用的物质价值与生产这一产品所需要的物质价值之比。这一指标计算所需数据可通过企业财务报告获得，操作性较强，也可较为直观地观察循环经济实施效率；Maio 和 Rem 仅侧重从循环经济再回收、资源化的角度优化指标，并未提出其基于 3R 原则的较完整的定量指标体系或方法考量，故单凭这一指标难以全面地评估企业或行业循环经济发展水平，而将这一指标简单地融入其他定量模型中又可能破坏理论框架的系统性和一致性，导致此方法的可推广性不强。这一缺陷在 Zaman、Park 等的研究中也存在。尽管如此，Maio 和 Rem 试图针对循环经济发展的核心——废弃物再利用与管理问题提出新的指标设计思路，以期能够统一量化社会各行业或各企业循环经济发展水平的思路，依然是值得借鉴的。

2）国外循环经济综合评价模型

目前，国外研究循环经济的定量模型或方法主要集中于物质流分析法、生态效率模型和生态足迹分析法三种。

20 世纪 90 年代，德国 Wuppertal 研究所提出了物质流账户体系（Moriguchi, 2007），这一体系通过对经济、社会或环境等各系统的物质流动过程进行量化分析，建立物质输入输出账户，从而衡量系统活动过程中的物质能量有效利用水平（徐一剑等, 2004）。1990年，奥地利（Sharma, 2014）、日本（Environment Agency Japan, 1992）和德国（Schutz and Bringezu, 1993）首次运用物质流分析法对各国经济系统下的资源物质流动情况进行研究。1997 年，世界资源研究所对美国、日本、奥地利等国经济系统的物质输入与输出状况进行了比较分析（Adriaanse et al., 1997）。2001 年，欧盟统计局出版了物质流分析指标的指导性手册，将物质流分析法与指标体系相结合，为全球各国经济系统的物质流发展水平评估提供了标准化参考（Eurostat, 2001）。除了各类机构开展的物质流研究外，Allesch 和 Brunner（2015）通过对运用物质流分析法研究废弃物管理的 83 篇论文成果进行综述，发现约有 25% 的研究成果是基于产品层面，主要针对城市固体废弃物和电子废弃物展开物质流分析（Bergeron, 2014; Kahhat and Williams, 2012; Bogucka et al., 2008; Binder, 2007）；约有 50% 的研究成果是基于物质层面，主要针对金属、非金属和化学复合物展开物质流分析（Asari and Sakai, 2013; Vyzinkarova and Brunner, 2013; Neset and Bader, 2008; Morf et al., 2007）；约有 25% 的研究是以产品为起点，主要针对城市固废和残渣展开分析，进一步对物质领域的废弃物管理进行研究（Tonini et al., 2014; Andersen et al., 2011; Arena et al., 2011; Schachermayer et al., 2000）。

1990 年，Schaltegger 和 Sturm 首次在学术理论研究中提出并讨论生态效率的概念。1992 年，世界可持续发展工商业理事会（World Business Council for Sustainable Development, WBCSD）从商业角度正式给出生态效率的定义，即生态效率是指在提供可供竞争的产品或服务时，要注重减少生产或消费过程中物质资源的消耗强度，使其小于或等于全球环境承载力，以尽可能避免对生态环境造成的破坏（Stephan and Björn, 2000）。1998 年，经济合作与发展组织扩大了这一概念的外延，认为生态效率不仅可以衡量商业发展带来的环境影响，还可对各组织机构、各行业、各国甚至全球活动下的生态现状进行评价。生态效率可通过产出投入比进行量化，"产出"指各经济体提供的产品与劳务价值，"投入"则指这些经济体在生产与消费过程中对环境造成的负面影响与压力。在明确了生态效率的概念后，Lamas 等（2013）采用此方法，在巴西硅酸盐水泥生产过程中，以能源和固废残渣分别作为燃料的生态效率值，发现利用废弃物、残渣替代燃料投入生产，不仅能够降低水泥生产成本，而且能减少环境污染，从而保持较高的生态效率水平。Giordano 等（2014）运用 Takagi-Sugeno 模糊模型建立由城市交通、环境建设与经济社会三大子系统组成的城市生态效率评价体系，体系包括二氧化碳排放量、氮氧化合物排放量、能源消耗与污染物排放量等 22 个指标，希望通过这一模型改进未来城市的物质代谢水平。

1992 年，Wackernagel 与 Rees 提出了生态足迹理论及其定量分析方法。生态足迹是指在可持续发展方式下，为了维持一个人、一个城市、一个国家或全人类的生存，需要用以提供人类活动所需资源及其排放废弃物的土地容量。这一方法通过计算特定单位下的生态足迹，以分析人类活动对生态系统产生的影响，从而对地球现有的生态承载力与可持续发展能力有一个较为完整的判断。1996 年，这两位学者对全球 52 个国家和地区的生态足迹进行计算，发现有 35 个国家和地区存在生态赤字，只有 12 个国家和地区的人均生态足迹低于生态承载力，人类现有的生产与消费总量已超出自然界的再生能力范围，自然资源存量正在不断被耗尽。自 2000 年开始，世界自然基金会进一步拓展生态足迹的研究领域，并持续计算世界各国的生态足迹，以动态监测全球可持续发展趋势。近年来，许多国外学者也运用生态足迹对各行业进行环境影响评价。Chambers 等（2000）指出生态足迹是衡量可持续性的一大重要指标。Lazarus 等（2015）根据 *The National Footprint Accounts 2014 Edition*，通过解构生态足迹的组成部分，试图从全球视角分析各国自然资源与生态系统现状，从而发现生态足迹对生物栖息地的破坏程度、生物多样性的消亡现状具有潜在的预警作用。研究还发现，2010 年国际贸易中有 35%的碳足迹来自全球最大净出口国——中国与全球最大净进口国——墨西哥。González-Vallejo 等（2015）通过评估西班牙住房建筑设施的生态足迹，发现相对于分散式的住房，紧凑多层的传统西班牙式住房所带来的生态足迹更低，更有利于环境保护。Chakraborty 和 Roy（2015）基于当面访谈搜集的数据对印度造纸行业的生态足迹进行评估，发现生态足迹较高的部分主要集中在能源、物质材料和废弃物领域。Ozturk 等（2016）用生态足迹、国内生产总值等环境与经济指标检验环境库兹涅茨曲线；研究发现，环境库兹涅茨曲线在中高等收入和高等收入国家体现得更明显，这一结果揭示了一国收入水平与公众、政府对环保问题的关注程度密切相关，如采取节约能源、发展新能源等举措。

2. 国内循环经济定量评估方法

对我国循环经济发展的定量评估方法综述，同样从指标体系和方法模型两个方面进行。一方面，我国相关部门就区域和园区的循环经济评估建立了相应的指标体系，学术界也从多角度提出指标选取的标准和思路，均可作为本书指标体系设计的参考；另一方面，我国学者基于研究主体的不同特点，运用物质流分析法、层次分析法、生命周期分析法、模糊综合评价法、灰色关联分析法、数据包络分析法、逼近理想值的排序法和能值分析法等多种方法模型对循环经济发展进行评估，本书对以上方法模型进行综述，从而为本书评估模型的选择提供依据。

1）国内循环经济评价指标体系

2006 年，国家环保总局发布了《综合类生态工业园区标准（试行）》、《行业类生态工业园区标准（试行）》和《静脉产业类生态工业园区标准（试行）》，并于 2009 年和 2012 年进行修改，加入了公众对环境的满意度、公众对生态工业的认知率等指标，指标数量由26个调整为24个。2016年，环境保护部再次对指标体系进行修订，发布《国家生态工业示范园区标准》，为综合类、行业类和静脉产业类国家生态工业示范园区提供了统一规范的评价指标体系。除此之外，2007年，国家发展改革委、国家环保总局与国家统计局联合编制了我国宏观层面的循环经济评价指标体系，包括宏观和工业园区层面两套评价体系。宏观层面的指标体系主要用于对全社会和各区域的循环经济发展水平进行评价，是针对大循环层面的评价体系。工业园区层面的指标体系主要用于对园区内循环经济发展水平进行评价，是针对中循环层面的评价体系。

尽管这一系列具备权威性的指标体系为我国循环经济评价提供了标准，但其体系设计的不完善和可操作性不强的问题使其实际应用遭遇障碍。例如，以上体系设计侧重资源环境领域，而在一定程度上忽略了循环经济发展对经济社会的影响；另外，政府部门并未对指标数据的收集、计算和上报等进行标准化流程的规定，且经济水平不同的地区对未来发展的规划与目标不一致（如东部沿海地区侧重改进资源效率和环境状况，西部地区希望获得国家财政补贴）（Bing et al.，2010），这使各地相关部门在评估当地各主体循环经济发展时仍根据自身情况选择成绩较好的指标进行上报，实际的评价指标体系不统一，难以进行对比分析（Geng et al.，2012）。可见，基于国家层面循环经济发展评价指标体系设计的原则与思路，进一步改进和完善评价指标是必要且迫切的。

同时，国内众多学者也根据不同的研究重点构建了相应的指标体系。Yuan等（2003）强调在对指标数据进行统计收集时应充分考虑公众咨询的重要性；他们从公众参与的角度，邀请包括政府官员、教师、学生、农民和工人在内的人群对我国可持续发展指标的重要性进行打分，最终确立了生态保护、环境质量、废弃物管理和人口发展潜力4个可持续发展的核心指标，可见在区域或社区中，当地群众对环境或社会问题的关心更甚于经济发展。牛桂敏（2005）从经济增长、科技进步、资源消耗、废弃物排放、资源利用效率与资源循环利用六个方面入手，总共选取了36个指标构建区域循环经济评价指标体系。史宝娟和赵国杰（2007）按照资源减量投入率、污染减量排放率、资源循环利用和经济社会发展四大分类建立了城市循环经济发展指标体系，并对唐山市循环经济发展状况进行了综合评估。王妍等（2010）以芬兰Kymenlaakso地区为例，介绍了芬兰区域生态效率的计算方法，并基于这一角度建立了区域生态效率评价体系，其中包括环境价值影响、生态效率价值影响与社会文化三个子系统。Su等（2013）以大连市为例，从资源效率、废弃物排放、废弃物处置及废弃物回收四个方面，选取了与其产业发展优势与不足密切相关的9个指标以评估大连市循环经济发展成果。Zheng等（2012）从社会责任、综合贡献、成本管理、经济发展潜力、资源综合利用、污染控制和能源消费七个方面建立了化工行业循环经济评估指标体系，并通过对具体企业的实证分析证明了这一体系的可操作性、合理性和有效性。王红（2015）基于我国2000~2013年的经济活动物质投入数据，结合欧盟提出的直接物质投入框架，试图完善我国的物质流基本分析框架，这一框架的特点在于纳入了多种非金属矿开采量，并加入了对可综合利用废弃物数量的核算。张娟等（2016）从资源分解的角度将企业资源产出率分解成"软实力"和"硬实力"两类指标，具体指标按企业管理水平和循环经济技术水平进行分类，从而可对资源产出率的特征及其与宏观经济政策之间的相关性进行分析。

2）国内循环经济综合评价模型

目前，国内常用的循环经济评价模型有物质流分析法、层次分析（analytic hierarchy process，AHP）法、生命周期分析（life-cycle analysis，LCA）法、模糊综合评价（fuzzy comprehensive evaluation，FCE）法、灰色关联分析（grey relational analysis，GRA）法、系统动力学（system dynamics，SD）分析法、数据包络分析（data envelopment analysis，DEA）法、能值分析（emergy analysis）法和逼近理想值的排序（technique for order preference by similarity to ideal solution，TOPSIS）法等。下面将对这些方法进行综述。

（1）物质流分析法。物质流研究及其方法的运用起源于国外。物质流理论的本质是物质的闭合流动与反馈，体现为"资源—生产—物质流动—消费—再生资源"的运行模式，与循环经济理论下"资源—产品—再生资源"的运行模式遥相呼应（Chen，2009）。物质流分析法的运用基于一个较为通用的指标体系，其中包括物质投入指标、物质消耗指标和物质产出指标三大类，以及资源生产率和资源循环利用率两个常用指标（王军等，2006）。物质流分析法从物质流动角度评价资源在生产—消费全过程中的利用情况，能够较为直观地反映循环经济理念的核心思想，且观测其发展水平。

吴宗鑫（2006）基于物质流核算方法确立了我国循环经济指标体系的建立准则，并构建了我国循环经济综合类与部门类指标体系。Wen和Li（2010）运用物质流分析法对我国公路交通系统的物质能量代谢进行评估，他们通过对公路建设过程中直接投入端（如化石燃料、矿产、生物量等）和直接产出端（如固体废弃物等）相关指标的统计，计算公路交通系统的资源利用率和污染物排放强度，发现我国公路交通的发展仍是高消耗、高排放的线性发展模式。耿殿明和刘佳翔（2012）基于物质流分析法建立了区域循环经济物质流分析框架，并对山东省生态经济系统的物质流状况进行实证分析，以剖析经济与环境发展之间的影响关系。

（2）层次分析法。由Saaty（1977）提出的层次分析法的基本思想是，首先将决策问题按逻辑层层细分，构建多层级的指标体系框架；其次结合专家咨询确立各层级和具体因素间的两两关联程度，以构建判断矩阵；最后根据矩阵结果对要素间的优劣程度进行排序。相比目前大多数综合模型的权重设定过于主观的情况，层次分析法能够较为客观地确定权重，即使在只有少量样本信息的情况下，依然可以通过较为简便的方法对多目标的复杂决策问题进行求解，是经济、社会、资源环境等多领域较为常用的评价方法。而循环经济发展作为涉及经济社会与资源、环境多领域的复杂问题，运用层次分析法恰好能对评价指标的权重进行客观合理的设置。

陈文晖（2006）运用层次分析法构建了城市循环经济发展评价指标体系的层次结构图，并确定了各指标的权重，通过对上海市（特大城市）、银川市（大城市）及日照市（中等城市）循环经济发展水平的对比分析，验证指标体系的科学性和可行性。沈江和宋叙言（2015）基于循环经济的3R原则建立生态工业园区循环经济评价指标体系，通过层次分析法确定指标权重后发现，权重最高的三个指标均属于3R中的减量化原则层，说明减量化原则是园区循环经济发展的首要条件，资源投入量的降低可从根本上减少废弃物排放，从而为之后的再利用和再循环创造条件。

（3）生命周期分析法。产品的生命周期指产品从研发到最终消亡的全过程，而生命周期分析法的基本思想就是在把握这一过程的系统性下,对其中环环相扣、相互影响的每一阶段进行分析和评价,是常用的信息系统开发方法。在循环经济发展中,运用生命周期分析法可对企业、产业、园区或全社会的产品生命周期及其中的环境成本等进行核算和评估,具有显著的全局性和系统性特征,故在数据较为完备时适宜用此方法进行循环经济评估。

宋子义等(2009)运用生命周期分析法对企业环境成本进行核算,通过将企业分为研发、生产和售后服务三个阶段,分别探讨环境成本计量、成本核算和成本披露问题。马金山(2010)把煤炭企业的发展划分为孕育期、成长期、成熟期和衰退期四个阶段,运用生命周期分析法对每个时期的循环经济发展特点与路径选择进行分析,从而提出在不同阶段煤炭企业循环经济发展应注意的问题。

(4)模糊综合评价法。模糊综合评价法的基本思想是基于模糊数学理论(Zadeh,1965),对评价指标体系中各要素权重和隶属度进行确立,并采用模糊运算对其进行归一化处理,将边界模糊不清或定性指标定量化,从而综合评价研究对象等级的方法(汪培庄,1983)。循环经济发展涉及环境、经济、社会等多个领域,故在其构建的评价指标体系中可能有部分指标难以量化,因此这一方法常用于环境绩效或循环经济发展评估。

徐凤君等(2007)运用模糊综合评价法构建了内蒙古自治区循环经济发展评价体系,并通过确定体系中定性与定量指标的隶属度,对其循环经济发展现状进行评价,发现内蒙古的循环经济发展处于中等水平,主要原因在于产业结构不合理及技术创新不足。付桂军和齐义军(2013)通过构建资源型区域可持续发展评价指标体系,并运用层次分析法和模糊综合评价法对山西省和内蒙古自治区的可持续发展水平进行评估,发现山西省在2000~2009年经济发展不可持续,而内蒙古在2005年之后实现了可持续发展。

(5)灰色关联分析法。灰色关联分析法是一种动态分析与评价工具,它的基本思想是,根据对象序列曲线几何形状的相似程度来判定要素间的联系是否紧密,以此分析系统内各因素间的关联程度。此方法侧重评估因素间的关联性,对样本量没有过多要求,计算简便,且可操作性较强。

章波和黄贤金(2005)运用灰色关联分析法对构建的区域循环经济发展评价指标体系进行实证分析,发现南通市在资源节约利用、回收循环再利用和环境保护方面的成效显著。孙义飞和董魏魏(2013)在筛选低碳乡村评价指标的基础上,运用灰色关联分析法将评价灰度分为优、良、一般、差和很差5个等级,尝试构建低碳乡村评价体系与模型。

(6)系统动力学分析法。系统动力学基于严密的逻辑思路,在对研究对象系统内部各要素的因果关联及其内在机制进行分析的基础上,通过构建系统主要变量反馈机制图和动态位流图,并运用仿真模型对系统未来的宏观行为进行模拟和分析。此方法强调对复杂性、开放性研究问题的系统动态分析,重点在于对整体系统以及系统内部各参数间的关系研究,是整体视角下的系统定量评估方法。

秦钟等(2009)运用系统动力学方法建立了广东省循环经济发展的系统动力学模型,并通过改动模型中与循环经济相关的参数变量,模拟且对比三种情境下广东省经济总量、污染排放和资源消耗方面的差异,得出加大污染治理力度、提高废弃物资源化水平等是推进广东省循环经济可持续发展的有效途径。王波(2007)运用系统动力学对区域循环经济的运行流程进行系统分析，构建了区域循环经济系统动力学模型，并对传统经济发展模式、末端治理发展模式和循环经济发展模式三类典型的区域经济发展模式进行仿真试验，动态分析了区域资源效率和环境效率的变化情况，论证了循环经济发展模式相比其他两种经济模式更强大而持久的发展力，并提出相应的政策建议。

（7）数据包络分析法。数据包络分析法的基本思想是，将具有多个输入端和输出端的决策单元（decision making unit，DMU）投影到 DEA 模型的生产前沿面，根据决策单元与有效生产前沿面的偏离程度确定各决策单元是否为 DEA 有效（Charnes et al.，1978）。这一方法无须人为主观地设置权重和对原始数据进行标准化处理，评价结果具有较强的客观性，且能够处理多变量复杂系统的效率评估问题，故常被学者用于分析循环经济发展的效率水平。

Li 和 Xu（2008）通过 DEA 模型建立了投入产出指标体系，对 1995~2005 年四川省江油市循环经济发展效率进行评价，结果显示，1995 年、1996 年、1997 年、2002 年、2003 年江油市的循环经济发展是相对无效的，而其余几年相对有效。曾绍伦等（2009）从资源产出、资源消耗、综合利用和废物排放四个方面构建了燃煤电厂循环经济评价指标体系，并应用 DEA 法中的 C^2R 模型和 C^2GS^2 模型对 10 个燃煤电厂的循环经济发展进行规模效率和技术效率评价，为未来燃煤电厂的循环经济改进提供依据。

（8）能值分析法。能值理论及其分析方法是由 Howard（1988）提出并发展的主要针对生态经济领域评价的方法。其基本思想是，将形成产品或服务过程中直接或间接消耗的各类能量全部转化为太阳能当量之和，即以太阳能焦耳为统一单位，来衡量不同能量的真实价值与生态经济效益。这一方法为生态经济系统领域的定量研究提供了一种新的思路，被认为是连接生态学和经济学的桥梁，主要用于循环经济、生态经济、可持续发展评价等，其结论能更直观、深入地体现循环经济理论，对这一领域在方法研究上的突破贡献较大。

李海毅等（2009）运用能值分析法，引入能值密度，对松嫩平原的生态足迹进行计量，从而考察其生态承载力与可持续发展状况。Geng 等（2013）在综述了国内外区域或园区常用的循环经济评价方法后指出，这些方法并非专门针对循环经济评估而提出，即没有基于系统性、闭合回路、信息反馈等循环经济的相关特征来进行设计，故这些常用方法难以最大限度地满足循环经济评价的需要；基于以上原因，Geng 等倡导以能值分析法为主，并结合其他常用方法来对循环经济进行定量研究。

（9）逼近理想值的排序法。逼近理想值的排序法由 Hwang 和 Yoon（1981）提出，是对决策对象的相对优劣程度进行评价的多目标决策法，又称 TOPSIS 分析法。其基本思想是，在评价对象标准化后的要素矩阵中，通过分别计算各评价对象与正理想解（最优解）和负理想解（最劣解）之间的距离，对评价对象的优劣程度进行排序；越靠近正理想解的评价对象越好，反之亦然。基本步骤为：首先，对原始指标值进行标准化（归一化）处理；其次，构建指标加权判断矩阵；接着，确立正理想解和负理想解并计算各评价对象与理想解之间的欧氏距离；再次，计算各评价对象与最优方案的贴近程度并排序；最后，对排序结果进行分析。可见，TOPSIS 分析法作为一种有效的多指标综合评价方法，充分运用了原始数据，但对其又没有过多、过高的要求，操作简便，且结论具有系统性和完整性，能较为全面系统地反映评价对象的发展状况。此方法在指标权重的设置上较为主观，故可考虑与其他相对客观的定权法相结合，以提高评价结果的准确性与合理性。

吴小庆等（2008）以循环经济和生态经济为理论基础，运用 TOPSIS 分析法从经济发展、资源利用率、污染控制和物质循环四个方面，对苏州、无锡的三个生态工业园区的生态效率进行综合评价。朱珠等（2012）运用 TOPSIS 分析法，对我国 31 个省（区、市）2008~2010 年的农业用地、建设用地和土地利用综合效益进行评估，发现我国土地利用综合效益偏低，且地区差异显著。

综上所述，国外针对循环经济评价指标体系的研究较为广泛，且形成了一些具有国际化、代表性的体系标准可供参考，而其综合评估模型的运用则以物质流分析法、生态效率分析法和生态足迹分析法为代表，倾向于对各国循环经济发展水平进行对比分析。另外，我国相关部门也制定了针对区域或生态工业园区的循环经济评价指标体系，体系构建重点突出但全面性不足，而学术界在这一方面的研究成果也有待加强；同时，我国针对循环经济评价所运用的定量模型较多，且各有利弊，但缺乏一个较为统一、规范的方法体系对各循环经济主体进行系统、可比的分析，故循环经济研究在方法领域上的局限性需要突破。

2.3.4 本书研究与既有研究的不同之处

基于以上国内外文献综述发现，本书研究与既有研究的不同之处在于：本书从系统和宏观的角度，对各类指标体系的设计重点和共同之处进行吸收，在对多种定量评估模型进行比较分析的基础上构建本书自有的循环经济定量评估方法，包括建立相对全面和系统的企业、生态工业园区及区域循环经济发展评价指标体系，选择并确立能充分挖掘样本信息和体现研究对象特点的定量评估方法与模型，以及对这一方法进行应用，希望能为循环经济评估方法研究的完善化、规范化和统一化提供有益的理论参考与成果补充。

2.4　本书主要研究视角

根据以上分析，本书基于两大主要视角展开研究：一是研究对象的确立，二是核心研究方法的探索。

首先，本书所指的"评估"是对包括企业小循环、生态工业园区中循环和区域大循环三个层面在内的整体循环经济发展体系的评估，这一完整的循环经济发展框架构成了本书的研究对象，是研究的主要切入点。

其次，本书的核心研究方法是指包括构建三大层面的循环经济发展评价指标体系，以及确立 AHP-TOPSIS 综合评估模型在内的循环经济发展定量评估方法。可见，本书并非是对单一方法的选择和应用，而是构建了一个相对完整的循环经济定量评估方法体系并对其进行应用。该体系不仅能观察循环经济主体的实践成效，还可为论证分析这一方法体系的科学性、系统性与合理性提供参考。

最后，将以上两大研究视角结合起来，即对企业、生态工业园区和区域循环经济展开定量评估方法的构建与应用研究，就形成了本书的完整研究视角，即本书所描述的循环经济发展水平的定量评估方法及其应用研究。

2.5 本章小结

本章首先对循环经济相关的基本概念进行了界定。发现国内外学者目前对循环经济一词的定义角度较多、尚未统一，而本书将循环经济定义为：以生态学和经济学原理及基本规律为指导，通过对生产全过程中物质资源的高效、综合与循环利用，实现经济、社会与生态环境三大系统间的最佳耦合，从而达到生态环境保护与经济社会可持续发展同步推进、和谐共存的长远目标。其次，本章对循环经济 3R 原则在循环经济实践中的潜在作用进行了深入分析。接着，本章通过对物理学、生态学和经济学相关经典理论的梳理，阐释了以上理论对循环经济发展的贡献。再次，就相关领域的研究现状，本章从循环经济兴起与沿革、相关理论与相关定量评估方法三个方面进行文献综述，提出本书研究相对于以往研究的不同之处。最后，提出本书的主要研究视角，包括研究对象的确立和核心研究方法的探索。

第 3 章 循环经济发展水平的定量评估分析框架

循环经济发展是自上而下的，即在政府指导下推动各主体进行战略实施的活动。本书研究问题的提出与研究目的的确立，不仅是针对已有研究中有关循环经济方法评估问题的完善与补充，更是对循环经济实践过程中所面临相应困境的解决与探索。因此，本章将通过梳理循环经济发展现状，对企业小循环、生态工业园区中循环和区域大循环三个层面构成的循环经济发展体系进行深入分析，从而集中讨论循环经济发展在理论和实践中所面临的评估方法困境，为构建循环经济发展水平的定量评估方法提供逻辑指导与理论框架支持。

3.1 循环经济发展现状

纵观国内外循环经济发展历程，均是从企业、生态工业园区和区域三个层面依次推进的（Yuan et al., 2008；Ren, 2007；Su et al., 2013）。国内外学术界也对这一发展体系较为认可（Feng and Yan, 2007；Mathews et al., 2011；Ghisellini et al., 2016）。尤其是循环经济发展，从 1999 年设置试点开始，这种基于产业组织形态的循环经济实践模式就不断完善。2013 年颁布的《循环经济发展战略及近期行动计划》，更是进一步对企业、生态工业园区和区域三大循环经济主体的实践进行深入的战略部署。

3.1.1 以清洁生产为主的循环型企业

我国从 20 世纪 80 年代开始重视重工业企业的废弃物治理问题，但那时主要是末端治理，循环经济 3R 原则在实践中的贯彻力度还不是很大。自 20 世纪 90 年代初，我国逐渐在企业内部推行清洁生产，并颁布了多项政策予以支持，如《中华人民共和国固体废物污染环境防治法》（现已修订四次）、《中华人民共和国清洁生产促进法》（以下简称《促进法》，2012 年修订）、《关于加快推行清洁生产的意见》以及《国家重点行业清洁生产技术导向目录》（第三批）等，对我国企业清洁生产、固废处理、技术升级和法制完善等方面提出了要求。其中，《促进法》是我国指导企业进行清洁生产的首部法律文件。

具体来讲，从 2005 年开始国家就展开对循环经济企业、生态工业园区和区域的试点工作。其中，循环经济试点企业主要分布在七个重点行业，即钢铁、有色、煤炭、电力、化工、建材和轻工。2014 年国家相关部门对第一批循环经济示范试点单位组织验收，其中，通过验收的企业共 48 家。2015 年国家公布了通过验收的国家循环经济试点示范单位（第二批）名单，其中，通过验收的企业共 32 家。以四川省为例，验收通过的第一批和第二批试点企业分别有五粮液集团有限公司、宜宾天原集团股份有限公司、四川国栋建设股份有限公司、四川绵阳长鑫新材料发展有限公司和宜宾丝丽雅集团有限公司，主要集中在化工和轻工行业。除此之外，我国各省（区、市）也分别针对当地企业落实循环经济政策，开展对企业的清洁生产审计等。

3.1.2 以产业共生为主的生态工业园区

生态工业园区是以零排放模式为主的综合型生态工业园区，通过园区内主要企业间的产业联合将上游企业的废弃物作为下游企业的生产资料，在不同企业间交换利用物质资源和副产品，从而建立起企业间的产业共生体系和园区生态产业链网，以实现资源物质在更大范围内的高效整合与利用。

目前，我国已建立了以广西贵港国家生态工业示范园区、天津经济技术开发区国家生态工业示范园区、山东鲁北国家生态工业（化工）示范园区等为代表的国家生态工业示范园区。同时，我国还组织选取了国家和省级开发区、重化工业集中地区和农业示范区等 13 个产业园区，作为第一批国家循环经济试点产业园区；并进一步选取了 20 个重化工集聚区，作为第二批国家循环经济试点产业园区，开展园区循环经济试点工作。现已基本完成对第一、二批国家循环经济试点园区的验收工作。

3.1.3 以战略转型为主的区域循环经济

我国区域经济发展不平衡，且各地空间、产业等发展各有特点，在循环经济转型过程中，形成了三种主要的区域循环经济发展模式。

1. 自发式战略转型模式

自发式战略转型模式主要存在于发达地区，以上海、江苏、山东为代表。上海市是最早开始进行循环经济战略转型的城市，并于 1999 年编制了《中国 21 世纪议程——上海行动计划》（以下简称《计划》）。《计划》吸取了国内省市区实施可持续发展战略的经验，构建了"总体战略—发展领域—能力建设"三个板块，既符合国家规范又考虑了上海市的区域特色。另外，上海市大力提倡绿色消费，从消费观念和消费方式入手深入践行循环经济。江苏省则是选取循环经济试点单位，从三大产业和宏观角度，积极推动循环型农业、循环型工业、循环型服务业与循环型社会的建立，且于 2005 年颁布了《江苏省循环经济发展规划》。山东省基于建设生态省这一目标从企业、行业和社会层面提出循环经济发展的"点、线、面"模式，多方位推动循环经济实施。

2. 资源型地区战略转型模式

资源型地区战略转型模式以辽宁等东北老工业基地为代表。东北地区属于资源富集型区域，在传统经济发展模式下，东北地区多是以生态破坏换发展。随着资源的不断消耗与浪费，东北地区经济发展的主要动力与优势渐失，因此，为了保持资源型地区的发展优势，辽宁省提出"3+1"模式，即利用小循环、中循环、大循环和资源再生产业发展循环经济。一方面，从企业、园区和社会层面推动循环型的生产与消费方式；另一方面，着力解决全社会废弃物的回收利用问题，控制并减少污染排放总量。

同时，国家也给予东北地区一定的资金、技术支持和政策倾斜，以支持老工业基地的振兴。

3. 跨越式战略转型模式

跨越式战略转型模式以贵州省贵阳市为代表。贵阳市作为第一个西部循环经济试点城市，制定了较为完整的循环经济发展战略框架，即"一个目标、两个环节、三个核心系统和八大循环体系"，通过努力提高资源利用效率，实现传统经济增长方式的跨越式转型。另外，在生产领域上，贵阳市也大力引导公众消费理念与消费方式向绿色化转型。贵阳市的循环经济发展是西部地区循环经济发展的首次尝试（陈文晖等，2009）。

3.2 循环经济发展的体系分析

对循环经济发展现状的梳理可知，在我国，整体循环经济发展体系是基于产业组织学理论（诸大建，1998b），由企业的小循环、生态工业园区的中循环和区域的大循环共同构成的，企业、生态工业园区和区域三大主体，依次来看，前者是后者的实施平台与基础组成，后者是前者的深入与延展。可见，循环经济实践方式的确立是以这一发展体系为基本框架进行构建的。因此，在对企业、生态工业园区和区域循环经济发展水平进行研究之前，有必要对循环经济发展的体系构建进行深入分析，为后面研究提供理论支撑。

3.2.1 基础平台——基于企业的小循环

企业作为市场经济发展的微观主体是实施循环经济的基本载体。生态工业园区、城市、区域或国家循环经济建设均以企业为最小实施单位，层层向上递推。企业内部的循环经济实践以清洁生产为核心，关注产品生命全过程的资源循环利用，完整地反映了循环经济理念的内涵、原则等，是建设循环经济系统的基础平台。

1. 文献回顾

企业清洁生产技术的引进程度与创新水平是衡量其循环经济发展良好与否的主要标准，除此之外，不同行业不同类型的企业发展循环经济的具体模式也有所差异。而以上两大问题能否解决有赖于在循环型企业发展初期所进行的生态化系统与运行流程设计。国内外学者对企业循环经济相关问题的研究正是基于企业生态化问题、清洁生产技术及其指标与企业循环经济发展模式三个方面展开的。

1）国内外对企业生态化问题的研究

Gindy（2010）在谈到可持续生产、生命周期理论与循环经济发展之间的关系时，指出大量企业都是通过技术或非技术的创新，寻找一些新的方法来改进产品的可持续性，以提高企业生态化水平。尤其是生产型企业，作为经济活动的重要部门，在引进高效的生产方式、发展产品和服务以推动生产与消费方式的可持续化方面具有潜在的驱动力。孙成章（1997）从企业的生命周期角度设计了"五五五管理法"，即在建立的企业生命机制、企业管理机制和企业理论导向机制三大机制的架构下，对企业内部生态化建设进行管理。闵长富（1995）认为，企业发展应该在市场这一个大生物圈中进行，发展过程中要注意产品改进、人力资源开发、资金投入、基础设施建设、环境保护等问题，才能实现企业与市场的和谐统一发展，从而实现企业生态平衡。程俊慧（1994）从生态学角度，首先对企业生态系统的概念进行界定，认为企业生态系统包括内部和外部两大系统，内部生态系统是指企业间集群，外部生态系统是指影响企业发展的自然、经济、社会环境等；接着从以下几个方面探讨了企业生态平衡的内容，即企业内部功能平衡、小型企业与大型企业的分裂与组合状态、企业类群内的生态平衡、企业群落内的生态平衡及企业生态系统的整体平衡。刘洋（2001）指出市场是将企业内、外部生态系统有机联系起来的桥梁，并设想了一种能够实现生态平衡的现代"虚拟"企业；该企业通过借助多种外部资源，整合企业内部优势，从而实现企业发展的生态平衡。陆玲（1996）从个体、类群、群落等不同组织层面分析了企业生态系统的形态与发展机制，并指出企业自身的生态系统运动规律实际上就是对自然生态系统规律的体现。

2）国内外对清洁生产技术及其指标的研究

Sonntag（2000）为了解决企业生产中替代资源难以获取的问题，指出企业应从主流生产技术出发，尝试建立资源循环利用的供给系统，提高资源回收率和循环利用率，从而提高清洁生产技术水平，缓解寻找替代资源的压力。Frijns 和 Vliet（1999）指出，清洁生产可以使企业获得更多的经济效益，故这一生产方式对中小企业（尤其是小企业）特别具有吸引力，对 Kenya 的研究也进一步证实了清洁生产可以在减少污染的同时降低成本；但发展中国家的小企业目前获得的政策支持尚不如大中型企业，故在推行清洁生产时，无论是政府关注度、技术创新还是资金支持方面都面临阻碍。目前，各国公认的清洁生产评价指标主要涉及生态、气候变化、环境绩效、环境负荷因子、废弃物产生率和减废信息交换所六个方面（王晶，2007），以期从资源、环境和技术创新的角度来衡量清洁生产的发展。而常用的清洁生产评价指标主要是依据企业发展的生命周期设计的，大体包括原材料和资源类的定性指标，以及产品和废弃物类的定量指标（王晶，2007）。

3）国内外对企业循环经济发展模式的研究

Park 等（2010）以生态现代化理论为基础提出循环型企业应通过对可持续供应链管理方法的运用，创造商业价值与环境价值集成化发展的企业循环模式。Stavileci 和 Andersson（2015）对吉凯恩航空公司提出的 G 模式进行分析，这一模式是将循环经济理念用于瑞典等国绿色航空发动机生产制造的实施方案，它将粉末生产商、发动机生产商、贴牌生产商等产品相关制造者纳入循环经济生产流程，将发动机成品投入波音客机和大型中短程喷气客机中使用，同时，对维修后的产品及通过循环利用与提纯重新投入生产线中的再生资源或零部件进行二次或多次使用，形成符合循环经济发展理念的企业闭合生产模式。冯之浚（2004）提出了我国企业循环经济发展的两种典型模式：广西贵糖模式和鲁北集团模式。前一种模式的主要特征是"复合共生、废物循环"，即集团统筹管理上下游企业间的产业链接方式与顺序，建立共生产业链，实现资源最大化利用。能源消耗量大的重化工企业可借鉴这一模式。后一种模式的主要特点是"共生耦合、产业延伸"，即通过统筹配置副产品与废弃物在各个下属企业间的交换利用,整合集团资源,提高资源利用率,实现经济效益的最大化。谢芳和李慧明(2006a)在企业循环经济发展中,引入"逆向制造"的概念,认为尤其是在制造型企业的循环经济改造过程中,必须以"逆向制造"理念为指导,即通过末端产品进行拆卸、分类、翻新等逆向处理,通过资源化方式将部分零部件重新投入生产。日本富士施乐公司就是通过实施"逆向制造"理念建立起了企业整合再生系统,成功转型为循环型企业。同年,他们在发表的另一篇文章中(谢芳和李慧明,2006b),探讨了企业循环经济发展模式建立的要点——生产者责任延伸制。文中指出,生产者责任延伸制是循环经济 3R 原则的重要制度保证,它激励企业从进行产品的线性生产与开发,向实现资源与产品的循环利用与回收进行转变,同时提出企业发展循环经济需要注意的重点,如建立子公司间的复合共生系统、引进先进的管理理念与技术创新理念等。

综上,国内外学者对企业生态化、企业清洁生产技术创新与评价、企业循环经济发展模式等问题进行探讨,体现了生态学与生态经济学理论在企业循环经济研究中的重要作用,这也是企业小循环体系发展的基本与首要理念。

2. 基于企业的小循环系统分析

本书拟从企业实施循环经济的基本理念、关键技术和现实依据三个部分,深入剖析基于企业的小循环系统运行的理论依据。

1)基本理念——基于生态学的设计

循环型企业不同于传统企业的地方在于,循环型企业不再以利润最大化作为唯一的、最重要的发展目标,而是在统一经济、社会与环境效益情况下的最优化发展。实施循环经济的企业将生态环境成本纳入其内部成本,同时考虑市场中其他相关利益者的得失,履行企业作为生产者的社会责任。在循环经济理念的推动下,企业不再以"资源—生产—产品"为流程,而是以"资源—生产—产品—回收与废弃物处理—再生产"为运作模式;企业一方面要注重生产过程中从原料到产品的生态化和绿色化,另一方面要考虑产品销售后的社会和生态影响,例如,企业应尽可能为消费者提供绿色环保、可循环利用的产品,对使用完毕的产品进行回收利用和废弃物处理,即"生产者责任延伸制"。因此,企业实践循环经济首先需要进行生态设计,从绿色生产与绿色消费理念入手,设计闭合式物质流动循环系统,明确其发展目标和运作流程,如图 3-1 所示。

2)关键技术——清洁生产的运用

在发展循环经济前,企业会花费额外的成本购置固废或废水处理设备来进行末端治理,成本高昂但效率较低。在引入循环经济理念后,清洁生产成为企业实施循环经济的关键技术,企业开始从源头进行污染防治,其产品生产和服务的全过程都致力于实现资源利用最大化、废弃物排放最小化和环境无害化等,有效减轻了环境压力,节约了企业治理成本,是实现循环经济的基本形式。联合国环境规划署将清洁生产定义为"将整体预防的环境战略持续应用于生产过程、产品和服务中,以增加生态效率和减少人类及环境的风险"。具体来讲,清洁生产包括如下三个方面的内容。

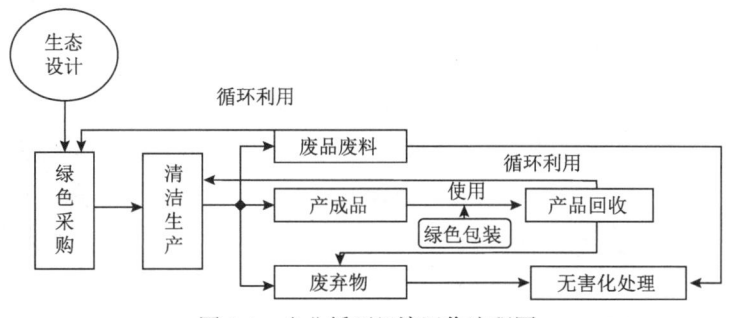

图 3-1 企业循环经济运作流程图

（1）使用清洁的能源或原材料。在生产的输入端，清洁生产主要体现为污染的预防（pollution prevention，PP），即尽可能使用清洁能源或原材料。其一，提高常规能源的利用程度，如扩大天然气使用比例，提高煤炭液化使用量，进一步推广洁净煤技术等，在调整我国以煤炭消费为主的能源结构时，对传统煤炭能源利用效率进行改善，这是我国企业进行清洁生产的首要任务；其二，大力发展新能源和可再生能源，如提高水能、风能、太阳能、核能等在产品生产中的使用比例；其三，尽可能以无毒、无害、低污染的原材料替代有毒、有害、高污染的原材料，从源头降低产品在使用过程中可能对人类和环境造成的危害，即有毒物质的减量化（toxic use reduction，TUR）。

（2）清洁的生产过程。在生产的中间环节，清洁生产主要体现为对生产流程及相应部门职能的重新设计，以提高物质资源的循环利用效率，减少废弃物排放量。在此过程中，企业要尽可能地维护或更新生产设备，引进具有先进清洁技术的生产线，从而整合各个生产环节，将每一阶段中产生的废弃物最大限度地回收利用，如收集余热、余压进行发电，达到循环使用原材料、减少能源投入量、降低次品率及降低成本的目的，最终构建物质闭合循环系统。

（3）清洁的产品与服务。在生产的输出端，清洁生产主要体现为产品设计的无害化和重复使用，大部分产品使用后可回收并分离出零部件再次投入生产，产品报废部分易降解和处理，对环境造成的污染压力小。这要求企业在设计和制造产品时基于消费者需求将环保理念考虑在内（design for the environment，DFE）。例如，使用绿色无害、易降解的材料投入生产，扩大产品零部件生产的标准化范围，设计质量上乘、售后服务完善、外观部件可替换的产品以延长其使用寿命（van Berkel et al.，1997）。

3）现实依据——成本效益分析

循环经济发展下的企业成本效益的构成及其计算与传统经济模式下的企业有所不同。传统企业只注重财务成本与经营收益；而循环型企业要将环境成本纳入成本核算中，将生态价值纳入企业收益中。

传统的经济学理论中，企业总收益 TR=R_1，总成本 TC=C_1，利润 π=TR－TC。而在实施循环经济的企业中考虑了生产活动对生态环境的影响，故企业总收益除了最初的 R_1 以外，还包括因采用清洁生产技术而获得的额外生态收益 R_2，以及政府对循环型企业给予的财政补助 R_3。另外，为了推行循环经济，企业投入的更清洁的物质能源、置备的更先进的清洁设备与技术，以及保护和处理环境问题的费用等，构成了额

外的成本支出 C_2。故循环经济下企业的总收益 $TR' = R_1 + R_2 + R_3$，总成本 $TC' = C_1 + C_2$，利润 $\pi' = TR' - TC'$。

根据新古典经济学理论，传统经济模式下的企业在短期会面临边际产量递减问题，在长期会面临从规模报酬递增向规模报酬递减转变的趋势。因此，总收益 TR 以递减的速率增加，企业利润在初期增加但最终将趋于减少。而根据循环经济理论，在短期企业兼顾资源环境问题会导致治理成本增加，利润空间减小；但在长期企业生产的能耗与物耗的降低、资源综合利用率的提高、废弃物排放总量的减少、末端治理成本的缩减，使总收益 TR′以递增的速率上升，企业利润在初期减少但最终趋于增加，如图 3-2 所示。

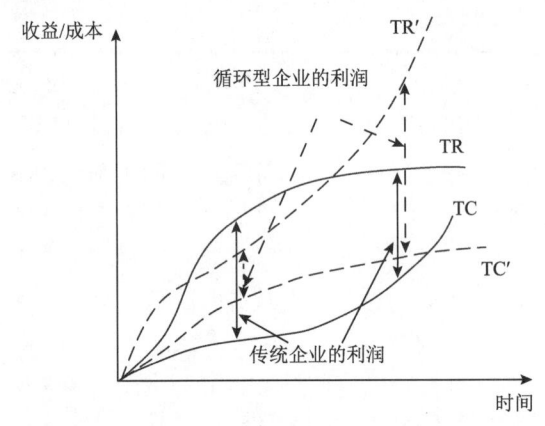

图 3-2 传统企业与循环型企业的成本效益对比图

具体来讲，循环型企业负担的环境成本通常分为预防性、评估性和失败性环境成本（谢琨，2002），分别发生在产前、产中和产后。庞大的环境成本的纳入使企业在进行经营、投资决策或制定管理规范时，都会因环境因素而更加谨慎和远视。同时，生态成本的花费会带来相应的资源环境收益和无形的社会性收益，例如，企业可生产出更高质量的绿色环保商品或更易降解的产品包装，由于企业对循环技术的熟练应用带来生产成本的降低，或由于员工工作环境的改善带来其健康水平和工作效率的提高，企业环境风险减小，企业良好形象和信誉得以确立等。因此，只有当企业实施循环经济获得的利润高于传统企业时，其实践才具有实现的可行性和发展的必要性。

3.2.2 核心层级——基于生态工业园区的中循环

生态工业园区中循环体系是企业内部小循环体系发展的平台，同时是区域大循环体系发展的基石，其发展以地理上相对集中的企业群为载体，以各生产工序的横向有机耦合、上下游产业的纵向密切关联、园区产业共生结构的灵活调整、平稳顺畅的信息交流和园区内基础设施的共享（Feng and Yan，2007）为主要内容，是循环经济发展在中观层面的主要组织形式，也是循环经济系统建设的核心层级。

1. 文献回顾

自从生态工业园区的概念被提出，各国政府和学术界纷纷对此展开讨论，并从不同角度进行界定。同时,为了推动生态工业园区实践,学术界按照不同的标准对园区进行分类,从而明确了园区的发展重点。此外,学者们对园区建设所产生的经济、社会、环境等效益进行福利分析,从多方面论证了建立生态工业园区的益处与未来发展趋势。

1)国内外对生态工业园区的定义

1990年,美国通用汽车公司研究部副总裁Frosch提出一个观点,即如果工业体系的建立能够借鉴并模仿生物界的运行规则,人类社会将得到很大发展。在这种思想的启蒙下,工业生态学这一概念应运而生。工业生态学的创始人Frosch和Sagar等认为,工业生态系统是对自然生态系统的综合模拟,它通过物质能量流动将多个企业联合起来。生态工业园区在1992年由Jeneiro在联合国环境与发展会议上提出来,并由Triangle研究院与Indigo发展研究所(1994)进行了最初的界定。他们认为,对生态工业园区的界定至少应包括七个方面的要点:一是单个副产品形式的转换;二是一个可循环的行业集群,包括资源再利用和企业间循环;三是对环境技术型公司的集聚;四是对生产绿色产品公司的集聚;五是园区设计应围绕一个主题进行;六是园区的基础设施与整体结构应体现环保理念;七是对工业领域、商业领域和废弃物领域的融合与发展。Côté和Hall(1995)认为生态工业园区通过转化资源利用形式,降低生产过程中的经济成本与环境成本,同时提高生产效率、产品质量和员工福利,并为从事再生资源回收利用的企业和工人提供就业机会。Lowe等(1995)认为,生态工业园区是一个生产与服务型企业群落,在这个群落中,通过集中管理能量、水资源和原材料等环境资源要素增加环境与经济效益。在这种产业联合中,生态工业园区所能实现的效益大于园区内企业所能实现的利益最大化的总和。美国可持续发展总统委员会对生态工业园区进行了两种不同的定义。第一种定义为:生态工业园区是一个企业共同体,它通过与当地其他园区合作,能够有效地共享信息、原材料、水、能量、基础设施和自然栖息地等各种资源,从而获得经济和环境上的提高,以及人类资源的平等增加。第二种定义为:生态工业园区是一种产业系统,它通过指导园区内原材料与能量的交换,实现物质能源的最小化利用,废弃物的最少量排放,以及建立经济、生态和社会间的可持续发展关系。

我国在2007年12月发布的《生态工业园区建设规划编制指南》(HJ/T 409—2007)中,定义生态工业园区是依据清洁生产要求、循环经济理念和工业生态学原理而设计建立的一种新型工业园区。园区通过物质循环流将内部各个企业联合起来,把上游企业排放的废弃物作为下游企业的原材料,尽可能实现资源的重复利用和废弃物的最小化排放,从根本上践行循环经济3R理念,完善生态工业园区内部产业共生体系的建立。我国从宏观角度对"生态工业园区"这一概念的定义和理解具有较高的权威性与科学性,故本书也将沿用这一定义进行分析。

2)国内外对生态工业园区的分类

从物质交换类型来看,Chertow(2000)通过对耶鲁大学林业与环境研究院潜在的18个生态工业园区进行深入研究,列出五种园区模式,即通过废弃物交换的园区模式、企业或组织内部进行物质交换的园区模式、园区内各企业间联合进行物质交换的园区模式、与园区外的周边企业进行物质交换的园区模式,以及在更大区域内与园区外的周边企业进行物质交换的园区模式。

从行业结构来看，我国主要将生态工业园区分为行业类生态工业园区、综合类生态工业园区和静脉产业类生态工业园区三大类，并出台了相应的环保标准文件。其中，我国以综合类生态工业园区为主导，推动我国"零排放"园区的建立与发展；同时，尽可能壮大静脉产业类生态工业园区规模，以推进我国再生资源回收利用产业的发展，从而进一步治理我国废弃物再生回收利用等方面的问题。

从技术特征来看，生态工业园区可分为企业主导型、产业关联型和改造重构型（陈文晖等，2009）。企业主导型是以建立企业间共生关系为主的园区；产业关联型是通过集中产业关联度高的企业，实现联动发展；改造重构型是指通过对园区进行结构调整与技术创新，实现园区的产业结构升级。

3）国内外对生态工业园区福利效应的研究

国外学者多从园区内企业和园区整体两个视角分析生态工业园区的福利效应。从园区内的企业集聚来看，Murphy 和 Bendell（1998）认为对企业环境的改善及其在空间上的集聚能够带来企业间的资源共享，包括信息资源、商业资源和基础设施资源等，由此带来更环保的资源消费。Roberts（2004）认为，企业的集聚可以实现园区内所有资源能量的循环利用，通过上下游企业间的产业链建立，提高资源利用率，减少污染排放，从而降低企业的环境治理成本，最终使园区的经济和环境效应均得到改善。从园区的整体福利来看，Rosenthal（1999）认为生态工业园区的福利效应主要是指潜在的环境效益，园区生产效率的提高，环境污染问题可得到改善，治理环境的技术和方法也在不断进步可以促使园区环境福利增加。

国内学者主要从企业集聚、经济和生态环境效益等方面进行分析。王家庭和赵丽（2013）通过建立生态工业园区的环境评价体系，从经济发展、循环利用、环境保护和绿色管理四个方面，对 26 个生态工业园区进行评价，并按照生态环境效益强、较强、一般和弱四个等级进行归类，发现环境效益好的园区主要依托于宏观经济发展，而环境效益差的园区在水资源利用方面存在较大缺陷。孔妍（2005）认为，通过推动园区内部及所在地的产业结构调整，能够增加生态工业园区的产业集聚效应。姜吉运等（2003）以园区为基点，以上海宝山工业园区为例，分析了生态工业园区对周边区域产生的边缘效应，认为园区建设造成了周边区域第一产业的萎缩和第二产业、第三产业的大力发展。阚肖虹（2002）认为，园区内的企业集群能够增加企业和园区的发展机会，降低生产成本和运作成本，提高经济效益，从而使集群内企业比企业更具有竞争力。万林葳（2012）基于蚁群算法构建了生态工业园区的环境效益评价模型，从系统结构、资源利用、环境效果与经济效果四个方面对中国平煤神马集团生态工业园区进行环境效益评价，发现园区在经过 2000～2010 年的建设后，其环境效益和综合效益水平都较高。

研究生态工业园区的福利效应，实质就是从经济效益、社会效益、资源环境效益等不同角度对园区循环经济发展水平进行评价，并由此分析园区目前发展中哪种福利效应较高，从而提出针对性建议。

2. 基于生态工业园区的中循环系统分析

生态工业园区中循环是在企业小循环的基础上发展建立起来的，但由于企业内部在成本支出、发展规模和生产流程上的局限性，难以实现物质能量的完全循环，尤其是中小规模企业可能在引进清洁生产技术或购置废弃物处理设备等方面面临不小的经济压力，使其循环经济发展受到阻碍。基于这一现状，在相同或相邻地域间的企业尝试进行协同合作，通过物质能量或副产品的交换利用，实现产业间的共生发展。生态工业园区就在这一发展过程中应运而生，并按照企业内产品生产、企业间共生耦合和工业园区生态化建设三个层面逐级递进，最终形成基于生态工业园区的中循环系统。

1）建立生态产业链是园区发展的关键

在基于生态工业园区的中循环系统建设中，生态产业链及其网络构建是关键。生态产业链整合是指在园区内部基于产业特色及其发展规律，以企业为载体，跨区域、跨行业地对资源要素进行优化配置，培养出一个或多个产业主导作用明显的企业及其相应的生态产业链条（赵愈，2011），具体包括横向产业链、纵向产业链和混合产业链三种。横向产业链以生产环节为载体，注重某一环节中对多个企业的合并或重组；纵向产业链以企业为载体，注重核心企业与上下游企业的资源共享、逐级利用或业务整合；混合产业链是将横向、纵向产业链进一步整合之后形成的综合性生态产业链网络，这也是大多数生态工业园区产业链建设的最终形态。在这一过程中，园区内企业间的各类资源能量和废弃物被最优化利用，且常常可能发现新的经济增长点。

2）企业内部的小循环系统构建

企业内部的小循环系统在 3.2.1 小节进行了深入分析，此处不再赘述。只是，其作为生态工业园区体系中必不可少的基层组织部分，从逻辑架构上需要被首先提出以重申其重要性。总体来说，企业内部循环经济体系建设的核心就是通过清洁生产技术的实施和绿色管理方式的运作，实现生产端工艺流程的循环式改进和消费端商品的回收利用与无害化处理。

3）企业间共生系统的构建

生态工业园区企业间的耦合共生正是对生态系统运行规律的借鉴。园区内各企业就像是生态链条上的各个物质节点，通过打造和确立园区主导产业实现物质能量的传递，使上游企业生产的副产品或排放的废弃物可以作为下游企业的原材料或能源，形成企业横向耦合、生产流程纵向闭合的共生体系。与自然界运行类似的是，自然生态系统中各动植物之间的能量循环通道越多，交互利用脉络越复杂，生态系统的稳定性越好，越能够抵御外界的冲击或干扰；生态工业园区既要保持企业间共生体系的稳定性，又要尽可能拓展各节点上企业原材料、能源、副产品、废弃物等流入流出的渠道。可以说，发展园区主导产业的多个大规模企业是构建生态产业链和企业共生系统的重要节点，而各企业物质原料进出渠道的扩张则是使各个节点最大化发挥作用的能量来源。如果说节点的建设是为了扩大企业共生系统的规模、提高废弃物循环利用率及构建相对完整的生态产业链，那么能量来源的多样化则进一步增强了企业共生网络的系统性和稳定性，使其不会轻易因为某一家企业生产经营状况的恶化而受到较大影响。而为了拓展物质输入输出渠道，园区在建设改造重点企业和主导产业的同时，还需要不断引进配套企业或节能减排项目，扩大企业间物质资料、副产品或废弃物的交换与共享平台，通过配套企业补链发展重点企业和完善整个企业共生网络。只有当企业共生系统的规模性和稳定性都得到保障，生态工业园区才有可能实现持续性的良好运行与稳定发展。

4）工业园区生态化体系的构建

园区层面的循环化、生态化体系建设是在前两个层面的基础上发展起来的，这一层面的循环经济发展强调整体获益性和系统功能性，注重生态工业园区整体的可持续发展。因此，园区生态化体系构建是企业内部小循环和企业间共生耦合的最终体现，包括以下几个方面。

（1）园区总物质能源的综合利用。在企业内部、企业间实现资源优化利用或闭合循环的基础上，整个园区层面的总物质能源也要进行系统性的规划。根据企业需求和园区特点，对初级到高级的能量品位均要在不同企业的不同部门进行梯级利用，以提高能源的综合利用效率。例如，通过热电厂的集中发电，将能源残渣进一步用于其他部门或处理后排放，达到节能减排的目的，还可积极引进新能源和可再生能源。除了电力之外，水资源也是推动园区生产的基础性资源，建立园区"节水—循环利用—梯级使用—污水处理—中水回用"的水资源循环系统也是园区层面生态化建设的重要策略（赵愈，2011）。

（2）关键技术的引进。园区层面的循环化、生态化发展是对企业内部和企业间清洁生产技术的整合，以构建综合性较高的高新技术系统，并围绕这些技术不断培育相关企业，延伸产业链，尽可能实现园区废弃物"零排放"。

（3）信息平台的建设。园区内的企业能否最大限度地实现资源有效与循环利用与园区的信息支持状况密切相关，包括园区企业构成的类型和规模、各企业的废弃物输入和输出情况、上下游生态链上的企业生产信息、园区先进技术的引进情况、市场相关动向信息和政策法规信息等。园区信息共享平台通过将各类信息即时、全面地上传到数据库中，使企业管理者能从中筛选对物质资源循环利用有帮助的信息，以保持企业内部生产和企业间共生体系发展的长期活力，从而促进园区循环经济的持续发展。

（4）基础设施的共享。基础设施的共享是生态工业园区发展的关键要素之一。园区内的水资源循环处理厂、大型发电厂、废弃物回收处理系统、灾害预警系统、绿化区域、交通运输工具等基础设施系统在企业间的共享，能够大大降低园区总体能耗物耗，将设施设备的功能发挥到最大限度。

3.2.3 宏观载体——基于区域的大循环

基于区域的大循环系统是以生态工业园区中循环为基石发展起来的，是我国循环经济发展中最为宏观的战略实施载体。因此，促进区域大循环发展所需考量的动力因素与相关系统将更加复杂与多变，需要从资源、环境、经济和社会四大领域进行全面分析与解读。

1. 文献回顾

国内外学者对区域循环经济问题的研究主要集中在评价体系和运行模式两个方面。同时，从本书的文献综述以及对企业、园区研究成果的回顾来看，国外对循环经济的研究与实践是自下而上的，即比较关注企业、产业或工业园区的循环经济发展，并结合一些较为具体的循环工艺或运作流程进行分析；我国对循环经济的研究与实践是自上而下的，即由政府主导，企业、园区或城市等各类主体展开实施。因此，就区域层面的循环经济研究而言，国内研究成果相对国外稍显丰富，本书将从区域循环经济的定义、发展模式和定量评价三个方面进行文献回顾。

1）国内外对区域循环经济的定义

本书基于国内外核心期刊来源进行大量文献检索后发现，国外尚未专门针对"区域循环经济"这一概念进行界定，大多数研究均是以某一行政区域或地理区域为研究视角，对循环经济相关问题进行论述；而国内对区域循环经济给出了一些定义。冯之浚（2004）认为，区域循环经济是以企业和生态工业园区为基础发展起来的，在更大、更广的范围上实施的循环经济。王鲁明（2005）从循环经济基本理念入手，认为区域循环经济就是在区域范围内的"资源—产品—再生资源"闭合物质流循环反馈系统。丘兆逸（2006）指出，区域循环经济是指在区域层面上进行原料能源、副产品或废弃物的交换共享，建立区域间生态产业链，最终体现循环经济的 3R 原则。刘毅（2012）认为区域循环经济的内涵是通过区域系统内各循环经济主体及其子系统的良好协作实现区域经济的可持续发展。

可见，区域循环经济是循环经济理论框架下的一个重要组成部分。因此，本书认为，在区域循环经济的概念界定中，可以直接采用公认的循环经济内涵以避免概念的混淆与重复，而重点应放在对区域范围的确定，这与冯之浚（2004）的观念不谋而合。基于此，本书将区域循环经济定义为，在一定区域范围内，以循环经济 3R 原则为核心，以实现经济、社会与资源环境可持续发展为目标，以企业和生态工业园区的循环经济实践为基础的城市、地区及国家层面的循环经济发展。

2）国内外对区域循环经济发展模式的研究

国外区域循环经济发展模式以德国的回收再利用系统、日本的循环型社会和美国的立法与财政配套双重模式为代表。德国在废弃物领域的法律约束及以企业为载体的废弃物专业回收市场的建立极大地推动了德国循环经济发展，使其成为区域循环经济发展的先驱和典范（尹晓红，2009）；日本于 2000 年颁布的《循环型社会形成推进基本法》标志着日本将循环经济作为 21 世纪经济社会发展的主要目标，这一政策亦是日本构建循环型社会的主要助推力（原毅军，2014）；美国颁布的《水质法》规定了各州对水污染的治理义务，《安全饮用水法》制定了污染物配方削减许可证制度，这是恢复和保护美国各类水体水质的主要手段，加上政府运用了资源税、生态税、排污权交易等一系列经济手段，为循环经济立法提供了良好的经济配套（王晓冬，2010b）。除此之外，"零排放"模式也是发达国家推进城市循环经济的重要手段之一，这一模式的顺利实施依赖个人与家庭的参与（Zaman and Lehmann，2013）。而从商业角度来看，区域循环系统消费端的协作性消费模式是实现社会传统商业模式向循环商业模式转变的最佳手段，具体指通过分享、以物易物、租赁等方式，实现产品所有权在消费者之间的共享（Preston，2012；Ness，2008）。

我国区域循环经济发展模式以自发式战略转型、资源型地区战略转型和跨越式战略转型为主。在此基础上，程梅珍（2007）提出可尝试建立虚拟式发展模式，即以当地主要的生态工业园区为基础，引入非邻近区域的外部企业，以延长产业生态链，拓展区域产业生态网络，实现区域循环效益最大化。马永欢和周立华（2008）基于我国循环经济的梯度推进战略，提出针对我国不同区域的四种循环经济发展模式，分别是以优化产业结构为核心的东部发展模式、以节能降耗为核心的中部发展模式、以生态保护为核心的西部发展模式和以资源转型为核心的东北发展模式。可见，由于我国区域发展具有经济上不均衡和空间上差异大的特点，各区域循环经济发展模式的考量不能一概而论，需进行分类规划。

3）国内外对区域循环经济定量评价的研究

国外学者以及研究机构对区域循环经济的定量评价基本从国家层面展开，且擅长对国家之间的循环经济发展水平进行对比分析。日本（Ariyoshi and Moriguchi，2004）、欧盟（Eurostat，2001）分别建立了循环经济评价指标体系，以便对国家循环经济的发展水平进行评价。世界研究所运用物质流分析法对各国经济系统的物质流情况进行比较分析（Adriaanse et al.，1997）。Wackernagel 和 Rees（1996）和世界自然基金会（World Wide Fund for Nature）利用生态足迹分析法对全球 52 个以上的国家进行可持续发展能力的评估。Giordano 等（2014）运用 Takagi-Sugeno 模糊模型建立了由城市交通、环境建设与经济社会三大子系统组成的城市生态效率评价体系，该体系包括二氧化碳排放量、氮氧化合物排放量、能源消耗与污染物排放量等 22 个指标，希望通过这一模型改进未来城市的物质代谢水平。Lazarus 等（2015）发现，2010 年，国际贸易中有 35%的碳足迹来自全球最大的净出口国（中国）与全球最大的净进口国（墨西哥）。Scheepens 等（2016）基于生态成本价值比例（eco-cost value ratio，EVR）模型和循环转化框架（circular transition framework，CTF）模型，以荷兰弗里斯兰湖区为例，对水上旅游的商业运作模式进行评价，以验证这一评估方法对分析区域循环经济系统发展以促进商业运作与环境保护和谐共存目标的可靠性和有效性。

国内学者对区域循环经济的研究多以我国为立足点，从行政区域或地理空间角度对某一区域的循环经济发展进行案例分析与评价。2007 年，国家发展改革委、国家环保总局与国家统计局联合编制了我国宏观层面的循环经济评价指标体系，包括区域层面和工业园区层面两套评价体系，宏观层面的指标体系集中对全社会和各区域的循环经济发展水平进行评价。王丽英（2009）从经济发展水平、循环化、资源减量投入、资源排放减量和人文社会发展水平五个方面构建了城市循环经济发展水平，并对 2006 年全国 29 个城市的循环经济发展水平进行定量评估，结果表明，有 17 个城市的循环经济发展水平高于平均水平，有 12 个城市的循环经济发展水平低于平均水平，两类城市循环经济发展的差距较大；且非试点城市的循环经济发展水平高于试点城市的循环经济发展水平，这一现象值得注意。王妍等（2010）以芬兰 Kymenlaakso 地区为例，介绍了芬兰区域生态效率的计算方法，并基于这一角度建立了区域生态效率评价体系，包括环境价值影响、生态效率价值影响与社会文化三个子系统。Yang 等（2011）以山东省为例，构建循环经济评价指标体系，包括社会经济发展、资源效率、资源再回收与再利用、环境保护和污染减量化五个子系统，并对山东省 2004~2008 年的循环经济发展水平进行实证分析，结果发现，山东省对清洁生产、污染控制和废弃物处理技术的运用才刚刚起步，应用领域也较窄。

2. 基于区域的大循环系统分析

区域大循环系统是在企业小循环和园区中循环系统建立的基础上发展起来的,包括城市、地区、国家甚至国际层面的循环经济主体发展。区域大循环不同于以生产过程为主的企业或园区建设,而是要综合考虑"生产—分配—交换—消费"整个社会再生产过程中的经济社会与资源环境领域的协同发展。因此,区域大循环建设的核心部分由资源子系统、环境子系统、经济子系统和社会子系统组成,不同于传统的由经济要素发挥主要作用的区域发展,在循环经济增长方式下,资源子系统和环境子系统在整个区域发展中占据较为重要的位置;除此之外,区域大循环发展还包括支撑体系和政策保障体系,以便为区域经济社会发展提供基础平台和政策支持。

1)四大子系统

资源子系统是区域大循环运行的起点和原动力,也是最能体现循环经济 3R 原则的系统。人类进行生产的源泉来自对资源的获取与利用,而资源的稀缺性与功能的多样性,使人类对资源的利用程度与强度成为衡量社会经济发展与技术进步水平的重要标志;换言之,资源消耗总量及其综合利用效率直接反映了经济增长方式以及社会发展阶段转变的程度。

环境子系统是区域大循环运行的生态考量,集中体现了可持续发展理念。人类生产活动对自然生态系统造成的影响直接反映在环境问题上,而环境状况又反过来影响人类的生存环境和生活质量,这一过程重复循环。因此,环境子系统重点考察的是环境的动态与长期发展变化趋势,需要运用时间跨度较长的指标进行观测分析,从整体角度了解区域循环经济的实践效果。

经济子系统是区域大循环运行的核心部分。尽管循环经济发展将资源环境问题考虑在内,但其发展的终极目标仍是指向人类的经济大发展,需要经济指标来衡量和体现。不同的是,这里的经济指标是生态化的经济指标,即在考虑资源合理配置、节能环保下的经济效益指标,而不仅仅是单一的、绝对的经济总量、经济增速等指标。这也意味着,区域循环经济发展综合评分最高的地区不一定是经济总量最大或增速最快的地区,而此时的区域发展也不再以经济绝对增速最快的地区为最好,而更加注重区域的综合性评价。

社会子系统是区域大循环运行的潜在支柱,是区域循环经济顺利实施不可或缺的大环境、大平台。区域经济的发展需以社会和谐稳定为前提。而在考虑生态环境因素下的循环经济发展更需要公众环保意识的加强、社会机构或团体的参与支持,以及整个社会意识形态或价值观的转变与提升。可见,尽管循环经济实践并未对社会领域的发展有直接要求,但社会进步间接推动和支持了区域循环经济发展,区域循环经济发展也反过来助推了社会进步。

2)支撑体系

区域循环经济发展的支撑体系包括技术支撑体系、基础设施支撑体系和社会公众支撑体系。前两个体系的建立均与生态工业园区的相关体系有类似之处,可见,技术集成和基础设施共享都是一定规模或范围内循环经济主体发展的重要组成部分。

一方面,技术创新与开发是每个层面的循环经济发展必不可少的部分,区别在于,实践主体越趋向于宏观，对技术运用的系统性要求越高。企业内部小循环着重对清洁生产的运用，生态工业园区中循环开始注重对企业间产业链和技术链的整合，区域大循环则更强调技术集成系统平台的建设，以整合社会各部门的运行职能，形成连接生产端与消费端的闭合循环流。因此，区域层面的循环经济技术支撑体系，包括企业、园区、城市、地区甚至国家在内的各个实践主体的主要技术，如清洁生产技术、产品无害化处理技术、资源回收利用技术、绿色物流技术等，最终建立起整个区域的绿色技术平台及其相应的绿色环保理念。

另一方面，在生态工业园区中循环体系的分析中，强调了构建基础设施共享平台对于提高园区总资源利用效率、促进园区生态化发展的重要作用。进一步地，区域循环系统比园区循环系统更为复杂，是涉及或大或小社会范围内资源物质的综合循环流体系，其基础设施范围的建设也更广，如公共交通设施系统、再生资源回收利用系统、空气质量监测系统、水资源综合处理系统、公共绿化与环保设施系统等。任何一个子系统的建设都是一项庞大的工程，而区域循环经济的发展依赖整个平台的建设以及各个子系统间信息的平稳有序传导。因此，区域基础设施建设是保证区域循环经济良性发展的重要载体。

同时，在区域层面或社会领域实施循环经济，公众的意识觉醒与参与是重要动力之一。除了企业、园区或相关机构从生产端着力实践循环经济外，消费端的循环经济发展则以公众为主要执行者。要引导公众消费意识和消费行为向节能、环保、绿色的方向转变，培养绿色消费理念，从意识形态角度为循环经济发展提供必要的精神支撑。

3）政策保障体系

循环经济发展作为我国宏观战略之一，其实践离不开政府的引导与支持，相关法规政策的制定为其发展提供了良好保障。由于区域层面的大循环体系运行涉及方方面面，相关的政策支持比企业或园区层面要更为复杂和系统。我国各区域的循环经济发展都以《中华人民共和国循环经济促进法》为基本法，在此基础上，再根据全国范围的循环经济总体发展趋势和国内各区域的产业空间特征，制定其他相应法律制度予以支持。尤其是在市场机制难以起效的绿色公共物品领域，政府就要起到主导性的调节与管理作用。

3.2.4 循环经济主体间的内在关联

以上对基于企业的小循环、基于生态工业园区的中循环和基于区域的大循环系统进行了深入分析。除此之外，三个层面的循环经济主体间还具有密切的内在联系，层层递进，才构成了完整的循环经济发展体系。而深入了解这一关联性，是改进循环经济实践、更全面科学进行循环经济定量评估的重要理论支撑与依据。

1. 体系发展自下而上的逐层递进

从产业组织形态来讲，在三大层面的循环经济主体发展中，每一层面都是上一层面发展的平台，下一层面发展的基石（Feng and Yan, 2007）。具体来说，首先，企业是市场经济最重要的微观主体之一，故企业小循环作为底层的实践组织，是生态工业园区和区域层面循环经济发展的基础，生态工业园区和区域循环经济主体的发展在根本上依赖企业清洁生产技术的创新能力、企业生态产业链的完善程度和企业生产责任制的延伸水平等。其次，生态工业园区是以企业为基础平台，是对邻近企业发展规模化与生态化的载体，同时是区域循环经济发展的重要组成部分。可见，生态工业园区作为循环经济发展系统中的核心层级，是连接企业与区域循环经济发展的中间桥梁，通过生态工业园区这一循环经济组织形态将企业、园区和区域循环经济主体有机地整合起来，为构建较为完整的、自下而上的循环经济（实践）系统注入了关键动力。再次，在企业小循环和生态工业园区中循环体系的发展下，基于区域的大循环系统应运而生，它结合企业和园区以生产端为主、向消费端进行责任延伸的循环经济发展特点，在区域层面为全社会绿色生产端与绿色消费端的有机融合和平衡发展提供了广阔的市场，如可再生资源或产品回收利用系统的建立等，最终形成了全国性的宏观循环经济发展系统。综上可见，循环经济与可持续发展战略在企业、生态工业园区和区域循环经济主体自下而上、层层递进的发展过程中得以实现。

2. 从生产端向消费端的不断延伸

从企业到园区再到区域循环经济的发展是以生产端为主的循环经济实施方式或理念向消费端不断推进，并致力于形成生产端与消费端平衡发展的动态过程。在基于企业的小循环中，生产者责任延伸制的引入意味着生产者对产品的责任不仅在于生产端，还在于向消费端的延伸，从而为构建闭合循环式的全社会产品流通系统奠定基础；然而，企业在发展规模与资金能力上具有局限性，其对产品在消费端所承担的回收利用责任仅能够以"延伸"的形式得以实现，说明企业在循环经济理论的指导下，虽已开始关注生产与消费市场的平衡问题，但仍以生产端的绿色循环为主。鉴于此，在企业执行生产者责任延伸制的基础上，生态工业园区为使用周期末端产品的回收利用或无害化处理提供了更具规模和高效的平台。生态工业园区可以通过引进废弃物回收再利用设备、建立专门的产品回收再利用系统等方式，对园区内所有企业回收的末端产品进行清洁处理，从而大大提高产品的再回收效率，降低废弃物的排放强度。此时，生态工业园区的中循环系统建设，进一步推动了循环经济从生产端向消费端的发展。最后，这一发展重心的转变与调整在基于区域的大循环发展中达到最佳状态。区域循环经济发展为绿色产品市场与绿色消费市场的形成提供了最佳场所，为打通产品在生产和消费过程中的障碍、建立全社会产品的生产—消费流通体系提供了可能性。在城市、片区，尤其是全国的循环经济发展中，经济发展模式的绿色与可持续转型不再只以生产端为主而忽略消费端，而是明确地将绿色消费市场的建立作为各层级循环经济发展的关键之一，在这一观念的指导下，生产—消费市场在结构上的合理与平衡发展才是其构建的根本目的，而非某一市场发展的绝对优势或成果。

可见，三大层面的循环经济建设，是循环经济理念从生产端向消费端的不断延伸；各主体层层紧扣的发展态势使在全国或全社会层面建立统一规范的绿色产品市场与绿色消费市场，以形成无障碍的全社会产品生产—消费流通机制成为可能，而这也是未来循环经济发展的重要方向。

3. 生态产业链网络的扩张与完善

无论是哪一层面的循环经济发展，都需要构建其系统内部的生态产业链网络，即将主体内部各要素以一定的循环流动方式连接起来进行发展。而这一链条或网络随着企业、生态工业园区和区域循经经济系统的建立不断扩张与完善。在基于企业的小循环发展中，生态产业链以产品生产流程为主，由生态设计、绿色采购、清洁生产、废弃物循环利用与无害化处理等几个主要环节构成循环机制；在基于生态工业园区的中循环发展中，企业内部的小循环拓展成园区内企业间的循环流动，形成了多企业联合共生网络，生态工业园区不仅从横向角度对每一环节中的多个企业生产流程进行整合，还从纵向角度对上下游企业的资源共享和逐级利用提出要求，生态产业链网络也从企业扩大到整个工业园区范围；而在基于区域的大循环发展中，生态产业链网络则进一步融入资源、环境、经济和社会四大领域，强调在"生产—流通—消费—再生产"过程中对企业、生态工业园区、消费者及其他循环主体进行资源整合，建立循环经济多主体产业共生系统，生态产业链网络的囊括范围再一次从生态工业园区扩大到城市、片区甚至整个社会领域。由此可见，循环经济主体从小到大的实践过程是其生态产业链网不断扩张与完善的动态发展过程。

3.3 循环经济定量评估方法面临的挑战

根据本书文献综述以及对循环经济发展现状阐释和体系分析可知，循环经济发展在理论研究与现实操作上都面临一定的评估方法困境。

从理论研究上讲，循环经济定量评估方法面临的挑战主要在于：一是评估方法的可改进性。针对循环经济发展水平评估所运用的定量模型较多，但缺乏较为统一、规范的方法体系来对同类循环经济主体进行系统、动态、可比的分析，换言之，已有循环经济定量评估方法面临客观性、可操作性、可追踪性等不强的问题。二是定量评估对象的单一性。目前国内外，尤其是国内，大部分研究多是围绕某一层面展开，如围绕企业、生态工业园区或区域三大主体之一进行定量评估，对涵盖以上主体的整体循环经济发展水平进行定量评估的研究成果较少，即整体循环经济发展水平的定量评估方法体系尚未建立，这是未来研究需要补充与完善的地方。

从实践发展上讲，循环经济评估方法研究在理论上所面临的困境导致我国各个层面以及整体循环经济发展水平难以得到全面、科学和动态的测度，这在一定程度上削弱了我国未来循环经济战略制定的客观性、有效性与合理性。同时，以企业和生态工业园区为主的循环经济主体还面临原始数据科学性与动态性不强的问题，具体来讲，企业的循环经济任务指标是根据各自的实施现状单独确立而非国家统一规定的，故指标设置的科学性与合理性难以检验，加上除国家循环经济示范试点单位外，其他的企业和生态工业园区实施循环经济下的指标数据并未统一、按期要求上报，这在一定程度上影响了原始统计数据的延续性和动态性。

综上可知，循环经济发展的定量评估方法面临一定的理论与现实困境（图3-3），而这一问题可能影响宏观经济战略的有效实施，故本书从学术视角探索这一困境的解决之道是必要且重要的。尽管本书在研究背景、研究目的、研究内容及主要研究视角等部分都基于这一问题进行了相应的思考与分析，但在构建循环经济发展水平的定量评估方法之前，仍有必要从理论和实践两大角度对循环经济面临的评估方法困境再次进行总结与论述，以明确后续研究所基于的理论前提。

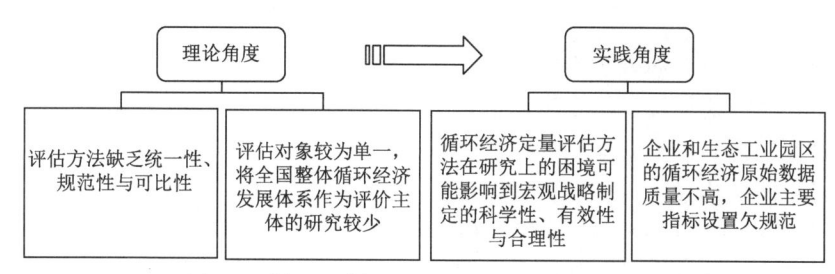

图 3-3 循环经济发展面临的定量评估方法困境

3.4 本章小结

本章首先从企业、生态工业园区和区域角度对循环经济现状进行阐述；其次对这三个层面的循环经济发展体系及体系间的内在关联进行了深入分析，指出以上三大主体分别是循环经济系统建设与实践的基础性平台、核心发展层级与宏观载体；最后基于以上分析，从理论研究与现实操作角度提出了循环经济发展所面临的评估方法困境，希望为下面循环经济定量评估方法的研究提供理论基础与逻辑支撑。

第4章 循环经济发展水平的定量评估方法构建

我国循环经济发展尚处于起步阶段，对其理论的探讨和实践的深入都在不断加强。根据以上分析，解决循环经济定量评估方法所面临的困境是本书的研究重点。因此，本章将从企业小循环、生态工业园区中循环和区域大循环角度，着重讨论循环经济发展水平的定量评估方法构建。首先需要对循环经济发展评价指标体系进行构建；其次选择并确定能相对客观、合理进行多指标评价的综合定量方法或模型；最后对本书确立的AHP-TOPSIS综合评估模型的具体步骤进行说明。

4.1 循环经济发展评价指标体系的设计

本书将首先基于国内外循环经济发展评价指标体系研究成果的综述，分别对企业小循环、生态工业园区中循环和区域大循环的评价指标体系进行构建，以确定评价循环经济主体发展水平的基本框架与标准。

4.1.1 指标体系的评价目标

从循环经济系统的角度来看，循环经济发展评价指标体系设计的评价目标有同有异。在对循环经济发展现状及其趋势进行描述、观察、预测等方面，大中小层面循环指标体系的评价目标较为一致；同时，企业、生态工业园区和区域循环经济发展各有其特点，因此除了共同目标以外，它们还有一些各自特定的评价目标，如企业清洁生产技术的改进程度、园区生态产业链的拓展性、区域四大子系统间的连接程度等。

1. 共同目标

无论是哪一层面的循环经济发展评价指标体系，其设计及运用都要反映循环经济发展现状、特点、不足之处、未来趋势以及与同类主体的可比性等。因此，本书首先对企业、生态工业园区和区域循环经济发展评价指标体系建立的共同目标进行阐释，从而能够基本确立体系设计和指标筛选的大致思路。

1）循环经济发展现状的可描述性

企业、生态工业园区或区域循环经济发展评价指标体系首先要能够对主体目前的资源消耗情况、废弃物回收处理水平、经济效益和社会影响等内容进行客观描述，从而勾勒出各大循环经济体系发展的整体水平。因此，在进行指标选择时，要将反映大、中、小循环体系实施成果的要素都考虑在内，并从中筛选出最能体现循环经济发展特点的典型指标，以求更加直观和全面地反映其运行状况、发展特点等。

2）循环经济发展趋势的可预测性

任何层面的循环经济体系都是一个复杂、开放的系统，它随时与外部世界有着能量、物质、信息、技术等方面的交换与共享，其发展是一个不稳定的长期动态过程。因此，对循环经济发展水平进行评价，也包括对其未来趋势的观察、判断和预测，以便决策者尽可能及时准确地掌握循环经济实施动向，尽量减少或避免大的决策失误，从而使其保持长期、有序、良性的发展。

3）循环经济评价结果的可借鉴性

基于循环经济发展水平的评价结果，除了要对其现状、特点和趋势进行分析，还要注重这一实证结果对其他同类主体评价的借鉴意义。例如，从某个煤炭企业循环经济发展的评价结果中是否可提炼出煤炭企业循环经济发展的整体特点？对某个生态工业园区的评价结果及其建议可否作为其他园区未来循环经济发展的参考？西部地区循环经济发展水平的评价结果可否作为与中东部地区进行对比分析的依据？可见，对评价结果的延展和借鉴，体现了循环经济发展评价的前瞻性，如果仅停留在对现有对象的分析，就错失了更全面、深入考察循环经济发展状况的机会。

4）循环经济发展薄弱之处的可警示性

在对循环经济发展水平进行了描述、评价和展望后，更重要的是要对循环经济发展的不足之处有所掌握，从而对未来的循环经济发展提出警示。目前，循环经济发展无论在企业、生态工业园区还是区域层面，都难以做到建立完整的闭合循环流系统，即所谓的"零排放"，越宏观的体系越是如此。在循环经济实践中，不可避免地会有资源浪费、废弃物排放过多等情况出现，给生态环境造成不小的压力。因此，评价循环经济发展水平的重点之一在于掌握现有的不足，并建立相应的企业、生态工业园区或区域预警机制，以保持大中小各循环体系以及总系统的稳定性和持续发展性。

5）循环经济评价指标体系的可参考性

除了针对研究对象的评价目标以外，指标体系本身的建立也应为这一领域的研究提供有益的参考。目前，针对循环经济定量指标以及评价体系的研究成果虽有不少，但在定量评估方面仍缺乏权威、统一的定量指标，因此本书评价指标体系的建立应达到充实此领域研究成果、为确立和构建权威指标体系提供参考的目的。

2. 特定目标

除了企业、生态工业园区和区域指标体系设计所共有的评价目标外，根据各类主体实施循环经济的不同重点，它们还具有各自评价所需实现的特定目标。如企业循环经济评价对清洁生产发展的要求，生态工业园区评价对生态产业链拓展的要求，以及区域循环经济评价对四大子系统相互关联进行综合考虑的要求等。

1）企业层面：注重清洁生产技术的创新升级

清洁生产技术创新是企业层面提高循环经济发展水平的关键。在构建企业循环经济发展评价指标体系时，要重点关注能体现企业清洁生产发展现状和趋势的指标，从而分析这一技术创新升级的可能性及其动力机制。因此，清洁生产技术的可进步性是企业循环经济发展评价指标体系特有的评价目标。

2）生态工业园区层面：关注生态产业链延展的可能性

生态产业链及其网络构建是生态工业园区发展的核心。这一层面指标体系的评价要着重体现园区内企业间共生网络和生态产业链的发展情况，如考察园区的资源利用效率、废弃物回收利用效率、废弃物排放量及环境质量等，以观测园区生态产业链进一步完善和延展的可能性。

3）区域层面：考察四大子系统间的连接与平衡状况

区域层面的循环经济发展包含资源、环境、经济与社会四个领域的内容，四个子系统间相生相存，其相互连接的密切程度及其整体发展的均衡状况直接影响整个区域循环经济的长期稳定发展。因此，对区域层面大循环体系进行评价，除了对单个指标进行分析外，还要从宏观角度对子系统间的连接与平衡发展状况进行考察，以评估区域循环经济发展的动态性和稳定性。

4.1.2 指标体系的建立原则

构建一套完善的循环经济发展评价指标体系，除了要明确指标体系的评价目标之外，还应把握指标选取和体系构建应遵循的基本原则。无论是针对企业、生态工业园区还是区域层面，指标体系的构建都要尽可能完整、系统和全面，而不同循环体系下所遵循的原则基本是相通的，只是每种原则在各自体系中的运用方式或程度有所差异。因此，本书将三大主体循环经济发展评价指标体系设计需遵循的原则归纳如下。

1. 3R 与系统性原则

循环经济发展评价指标体系的建立，务必要深入体现循环经济思想的核心——3R 原则。因此，在确定指标时，首先要选取能够评价企业、生态工业园区或区域 3R 发展程度的指标。一是对减量化指标的衡量，如主要物质能源的消耗强度、清洁能源或可再生能源的利用程度、废弃物排放量的下降比例等；二是对再利用指标的衡量，如能源资源的综合利用效率、废弃物综合利用效率、产品包装再回收率等；三是对再循环指标的衡量，如废水、废气、固废的处理率等。这些指标能直接反映企业清洁生产、园区生态化建设或区域循环经济的发展成效，是各主体建立循环经济发展评价指标体系需遵循的首要原则。另外，在考量 3R 原则的同时，体系设计以及指标选取还应具有系统性，例如，构建"目标层—控制层—指标层"之类的树形结构使评价指标体系的构建具有层次性、结构性，能从中观察到指标体系中每一子系统与整个体系以及与其他子系统之间的有机联系，之后再对体现每个子系统特点的具体指标进行筛选，以清晰地呈现出各层次间的逻辑关联。尤其是生态工业园区和区域循环经济发展指标体系的设计，生态工业园区是多个企业联合发展的产业共生体，区域循环经济系统更是一个开放式、综合性的复杂系统，其指标体系的构建尤其要考虑其合理而完备的系统性。

2. 动态性与静态性原则

随着全球现代化进程的加快，各国对环保问题的认识在不断深入，而尚处于起步阶段的循环经济发展，在很大程度上会受到国内经济和国际形势的影响。可见，无论是哪一个层面的循环经济主体，其发展都是一个长期的动态变化过程。因此，循环经济发展评价指标体系的构建也务必要跟随这一趋势监测其动态发展状况，以充分度量各主体循环经济的发展过程、变化趋势与进步程度，故指标选取应具有动态性。另外，企业、生态工业园区或区域在某一特定时期的循环经济发展是相对稳定的，故在把握主体发展动态特征的同时，可考虑适当加入一些静态指标。动态性与静态性原则的统一可使循环经济发展评价指标体系的设计更加灵活、完整。

3. 聚合性与简洁性原则

聚合性原则是指在企业、生态工业园区或区域的指标筛选中，基于所确定的体系框架，选取最能反映每一个子系统特点的具体指标；尤其是对综合性较强的区域循环经济发展评价指标体系来说，能够反映子系统特征的要素较多，在这种情况下，要注意选择更能综合反映循环经济特征的典型指标。与此同时，兼顾简洁性原则，即选择释义较为权威和通用、计算过程不复杂、数据获取较容易的指标。处理好聚合性与简洁性原则之间的关系，可使指标体系既能综合反映循环经济发展状况，又能避免数据重复冗杂带来的操作困难。

4. 科学性与可操作性原则

从企业角度讲，实施循环经济的企业遍布各个行业，由于存在行业差异，国家尚未出台针对企业类的循环经济评价标准，也尚未形成统一、完整的全国企业循环经济数据库，故选取指标时，在考虑数据可获性的基础上，要根据不同企业的行业特征尽量选择高权威性、释义简洁、可比性强的指标，充分利用现有统计数据，避免进一步加工。从生态工业园区角度讲，我国针对生态工业园区发展制定并出台了统一的评价标准，包括对园区等一系列主要概念的定义、指标的数据来源与计算方式等，故在选择园区评价指标时，务必要保证指标来源的统一性、科学性和数据可获性。从区域角度讲，我国对区域循环经济发展的评价有较为全面的数据来源和统计口径较为一致的相关指标，故在设计指标体系时，应尽量选择权威指标，以保证指标体系的科学性；同时，兼顾指标数据的易获取性使其能真实准确地反映区域循环经济发展水平。

5. 政策相关性原则

目前，无论是企业、生态工业园区还是区域的循环经济实践均是在政府主导下推进的。评价循环经济发展成果的重要目的之一是要为政府制定循环经济相关战略规划提供参考依据。因此，在构建指标体系时，指标选择务必要反映政府关注的热点问题或当下的战略重点方向，以考察政策支持对各主体循环经济发展的影响程度，并通过指标权重的控制，引导企业、生态工业园区或区域响应国家战略重点，争取更多的政策支持。

4.1.3 各循环主体指标体系的设计

基于以上对循环经济发展评价指标体系构建提出的评价目标和建立原则，本书将对企业、生态工业园区和区域循环经济的评价指标体系进行设计。循环经济系统是一个复杂开放的系统，因此，构建这三大层面的循环经济发展评价指标体系，既要考虑到系统整体的高度复杂性以建立清晰而符合逻辑的层次结构,又要兼顾各系统的循环发展特点以选择科学合理的指标。下面就依次对三大主体的循环经济指标体系进行设计。

1. 企业循环经济发展评价指标体系的设计

尽管实施循环经济的企业遍布各个行业,导致其实践内容有所差异;但从整体性和系统性角度看,评价指标体系设计的框架层次却是大致相当,均包括经济效益、资源利用程度、环保状况和社会福利等领域,区别主要在于资源等领域在具体原材料或能源使用上有所差异。因此,本书构建的是一个相对全面的、可为各类循环型企业借鉴的循环经济发展评价指标体系。考虑企业循环经济系统的复杂性,评价指标体系设计以自上而下的"目标层—控制层—指标层"树形结构为基本层次框架。

首先,确立评价指标体系的目标层。企业循环经济发展评价指标体系建立的最终目标是通过对各个指标及其所属子系统的定量评估,掌握对象企业的循环经济发展水平。因此,本书将"企业循环经济发展水平"作为这一指标体系目标层的代表。

其次,确立评价指标体系的控制层。企业循环经济发展受到经济、资源、环境、社会等各领域的影响。其中,体现循环经济特征的资源环境因素是循环型企业不同于传统企业最主要的发展动力,尤其是在清洁生产技术上的运用;同时,经济增长对此类企业成长的重要性可能稍有下降,即不再是企业发展最重要甚至是唯一的目的;而企业生产所获得的社会效益也更多通过 3R 原则中的再循环相关指标体现出来,例如,对末端产品的回收处理使企业倡导绿色生产的社会影响力扩大等。综上所述,本书所建立的企业指标体系控制层并未简单地将资源、环境、经济与社会要素并列起来,而是将以 3R 原则为特征的资源环境要素拆分为资源投入减量化、资源利用效率、废弃物排放与无害化三个子系统,且将其与经济效益子系统和社会效益子系统并列,构成由五个子系统为主的控制层。这样做的目的是突出资源环境因素对推进企业循环经济发展的关键作用,也有助于在结论分析中更好地细化各系统带来的影响。

最后,确立评价指标体系的指标层。在上述每一个子系统内部,根据生态与经济发展的耦合理论、循环经济 3R 原则、清洁生产理论、指标体系建立的目标和原则等,本书将选取具体指标,作为衡量各子系统(控制层)发展水平的依据,如图 4-1 所示。

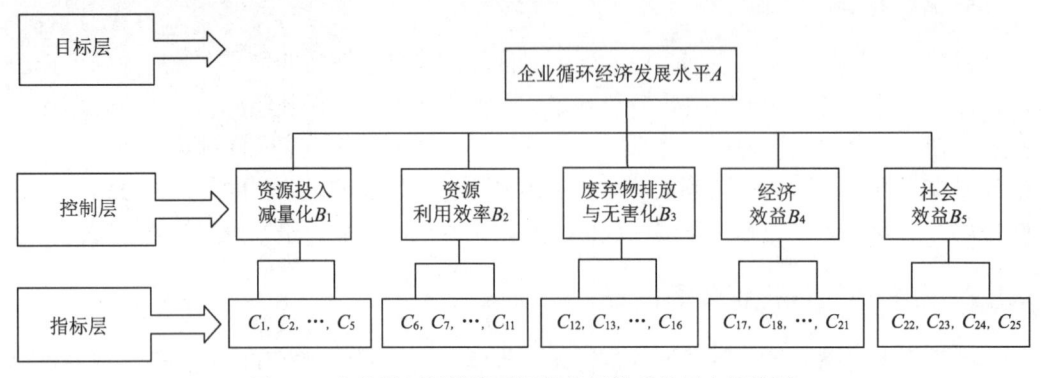

目标层 → 企业循环经济发展水平 A

控制层 → 资源投入减量化 B_1 | 资源利用效率 B_2 | 废弃物排放与无害化 B_3 | 经济效益 B_4 | 社会效益 B_5

指标层 → $C_1, C_2, \cdots, C_5$ | $C_6, C_7, \cdots, C_{11}$ | $C_{12}, C_{13}, \cdots, C_{16}$ | $C_{17}, C_{18}, \cdots, C_{21}$ | $C_{22}, C_{23}, C_{24}, C_{25}$

图 4-1 企业循环经济发展评价指标体系的层次结构图

以上有关企业循环经济发展评价指标体系的层次结构阐述明确了指标体系目标层和控制层的具体内容,而有关指标层的确立及其释义尚未说明。因此,本书基于基础理论的归纳以及企业部分的相关文献回顾,并借鉴可持续发展指标、绿色评价指标、企业生态化指标等,对本书构建的企业循环经济发展评价指标进行筛选,总共确立了25个指标,如表4-1所示。以下将对每个子系统中指标的具体含义和计算方法进行阐释。

表4-1 企业循环经济发展评价指标体系设计

目标层	控制层	指标层 名称	编号	类型
企业循环经济发展水平	资源投入减量化 B_1	单位产品能耗	C_1	逆向指标
		单位产品电耗	C_2	逆向指标
		单位产品水耗	C_3	逆向指标
		单位产品物耗削减率	C_4	正向指标
		单位产品能耗削减率	C_5	正向指标
	资源利用效率 B_2	重复用水率	C_6	正向指标
		产品回收利用率	C_7	正向指标
		包装回收利用率	C_8	正向指标
		固废综合利用率	C_9	正向指标
		废水综合利用率	C_{10}	正向指标
		废气综合利用率	C_{11}	正向指标
	废弃物排放与无害化 B_3	单位产品废水排放量	C_{12}	逆向指标
		单位产品废气排放量	C_{13}	逆向指标
		单位产品固废排放量	C_{14}	逆向指标
		三废排放达标率	C_{15}	正向指标
		三废排放削减率	C_{16}	正向指标
	经济效益 B_4	全员劳动生产率	C_{17}	正向指标
		销售净利率	C_{18}	正向指标
		资本收益率	C_{19}	正向指标
		资产负债率	C_{20}	逆向指标
		R&D投入比例	C_{21}	正向指标
	社会效益 B_5	职工人均年收入	C_{22}	正向指标
		社会公益性支出比例	C_{23}	正向指标
		社会负担系数	C_{24}	逆向指标
		企业社会形象认可度	C_{25}	正向指标

1）资源投入减量化指标

（1）单位产品能耗指报告期内企业生产的、以标准煤计的、单位产品的能源消耗量，反映企业的能源利用效率。指标值越大，说明企业生产单位产品所投入、消耗的能源越多。这一指标可反映企业是否通过推进清洁生产而减少了单位产品的能源消耗量，是逆向指标。计算公式如下：

$$单位产品能耗 = \frac{总能耗}{总产量}$$

（2）单位产品电耗指报告期内企业生产的、以标准煤计的、单位产品的用电量，反映企业的用电效率。与上一指标类似，指标值越大，说明企业生产单位产品的用电量越大；指标值越小，说明企业生产过程中对电力的使用效率更高，资源投入总量更少，是逆向指标。计算公式如下：

$$单位产品电耗 = \frac{用电总量}{总产量}$$

（3）单位产品水耗指报告期内企业生产的、以标准煤计的、单位产品的用水量。与以上两个指标类似，这一指标衡量企业的水资源利用效率，是逆向指标。计算公式如下：

$$单位产品水耗 = \frac{水资源消耗总量}{总产量}$$

（4）单位产品物耗削减率指当年生产单位产品的原材料使用量比上年减少的幅度，直接反映原材料投入的综合效率和减量程度。指标值大于零且数值越高，说明企业原材料投入的减量化程度越高，是正向指标。计算公式如下：

$$单位产品物耗削减率 = \frac{上年单位产品总物耗 - 当年单位产品总物耗}{上年单位产品总物耗} \times 100\%$$

（5）单位产品能耗削减率指当年生产单位产品的综合能源消耗量比上年减少的幅度。与上一指标类似，这一指标衡量企业生产单位产品综合能耗的减量化程度，是正向指标。计算公式如下：

$$单位产品能耗削减率 = \frac{上年单位产品总能耗 - 当年单位产品总能耗}{上年单位产品总能耗} \times 100\%$$

以上五个指标主要通过计算物质能源的消耗强度和削减程度，对企业生产输入端的减量化情况进行衡量。

2）资源利用效率指标

（1）重复用水率指报告期内企业生产过程中重复用水量占用水总量的比率，反映企业过程端的资源再利用程度。其指标值越大，说明企业对水资源的循环利用程度越高，是正向指标。计算公式如下：

$$重复用水率 = \frac{重复用水量}{用水总量} \times 100\%$$

（2）产品回收利用率指报告期内企业对可回收废弃产品的实际回收率，反映企业输出端对生命周期终结产品的再回收利用程度。指标值越大，说明产品的再利用率越高，是正向指标。计算公式如下：

$$产品回收利用率 = \frac{已回收利用的废弃产品数量}{可回收利用的废弃产品数量} \times 100\%$$

（3）包装回收利用率指报告期内企业对可回收包装物的实际回收率。同上一指标类似，其指标值越大，说明产品包装可回收再利用的程度越高，是正向指标。计算公式如下：

$$包装回收利用率 = \frac{已回收利用的包装物数量}{可回收利用的包装物数量} \times 100\%$$

（4）固废综合利用率指报告期内企业对固废的回收利用量占固废产生总量的比率。与上两个指标类似，此指标值越大，说明企业生产对环境造成的压力越小，是正向指标。计算公式如下：

$$固废综合利用率 = \frac{固废回收利用量}{固废产生总量} \times 100\%$$

（5）废水综合利用率指报告期内企业对废水的回收利用量占废水产生总量的比率，反映企业输出端的废水资源化程度。指标值越大，说明企业废水的再循环利用程度越高，废水排放比率越低，对水资源造成的污染越小，是正向指标。计算公式如下：

$$废水综合利用率 = \frac{废水回收利用量}{废水产生总量} \times 100\%$$

（6）废气综合利用率指报告期内企业对废气的回收利用量占废气产生总量的比率。与上一指标类似，此指标值越大，说明企业废气的资源化程度越高，温室气体排放量越小，对大气产生的污染越少，是正向指标。计算公式如下：

$$废气综合利用率 = \frac{废气回收利用量}{废气产生总量} \times 100\%$$

以上六个指标中，前三个指标是对循环经济再利用原则的体现，后三个指标是对循环经济再循环原则的体现。但无论是哪一种，都可衡量企业对资源、产品、副产品或废弃物的综合利用效率水平。

3）废弃物排放与无害化指标

（1）单位产品废水排放量指报告期内企业生产单位产品所排放的废水量，反映企业生产过程中的废水排放强度。指标值越大，说明企业对水资源造成的污染越严重，是逆

向指标。计算公式如下:

$$单位产品废水排放量 = \frac{废水排放总量}{总产量}$$

(2)单位产品废气排放量指报告期内企业生产单位产品所排放的废气量。与上一指标类似,是逆向指标。计算公式如下:

$$单位产品废气排放量 = \frac{废气排放总量}{总产量}$$

(3)单位产品固废排放量指报告期内企业生产单位产品所排放的固废量。与上两个指标类似,是逆向指标。计算公式如下:

$$单位产品固废排放量 = \frac{固废排放总量}{总产量}$$

(4)三废排放达标率指报告期内企业生产所排放到环境中且达到排放标准的废气、废水、废渣占企业三废排放总量的比率,反映企业对三废的治理程度和污染物的无害化程度。指标值越大,说明企业末端排放对生态环境造成的有害影响越小,是正向指标。计算公式如下:

$$三废排放达标率 = \frac{三废排放达标量}{三废排放总量} \times 100\%$$

(5)三废排放削减率指企业当年未达到排放标准的三废排放量比上年下降的幅度,纵向反映企业对有毒、有害物质的治理程度。指标值大于零且数值越高,说明企业对三废的无害化处理程度或企业的无害化处理技术越高,是正向指标。计算公式如下:

$$三废排放削减率 = \frac{上年三废排放量 - 当年三废排放量}{上年三废排放量} \times 100\%$$

以上五个指标反映了企业对末端污染物的治理水平。对企业生产所造成的废弃物排放问题,不仅要关注其规模,更要关注其质量,即尽可能提高其无害化程度,才有可能从根本上减少环境危害。

4)经济效益指标

(1)全员劳动生产率指报告期内企业平均每个员工在单位时间内的产品生产量,反映企业发展的生产效率,是正向指标。计算公式如下:

$$全员劳动生产率 = \frac{工业增加值}{企业员工平均人数} \times 100\%$$

(2)销售净利率指报告期内企业净利润与销售收入之比,反映企业的最终获利能力,是正向指标。计算公式如下:

$$销售净利率 = \frac{净利润}{销售收入} \times 100\%$$

（3）资本收益率指报告期内企业净利润与实收资本的比率，反映企业自有资本投入所带来的净利润大小，是正向指标。计算公式如下：

$$资本收益率 = \frac{净利润}{实收资本} \times 100\%$$

（4）资产负债率指报告期内期末负债总额与资产总额的比率，反映企业总资产中有多少是通过举债得来的，且运用此资金进行经营活动的状况。指标值越大，说明企业负债程度越高，是逆向指标。计算公式如下：

$$资产负债率 = \frac{负债总额}{资产总额} \times 100\%$$

（5）R&D 投入比例指报告期内企业对绿色清洁类技术进行研发创新的费用投入比例，反映企业对推进清洁生产所需技术创新的重视程度，如少废或无废的生产工艺研发、废弃物无害化技术创新等。指标值越大，说明企业发展循环经济的高新技术支撑力越强，是正向指标。计算公式如下：

$$R\&D投入比例 = \frac{R\&D投入总额}{工业增加值} \times 100\%$$

以上五个指标中，前四个指标是衡量企业经营状况的关键性指标，最后一个指标衡量企业对推进技术创新愿意提供的经济支持。可见，循环型企业对经济效益的考量，是兼顾获利性与生态性两者的结果。

5）社会效益指标

（1）职工人均年收入指企业职工的平均年收入水平。指标值越大，说明员工的物质生活越好，企业发展为社会民生所做贡献也越大，是正向指标。计算公式如下：

$$职工人均年收入 = \frac{企业年发放工资总额}{企业职工总人数}$$

（2）社会公益性支出比例指报告期内企业经营总资产中用于社会公益性事业所捐赠的资金比例，反映企业所尽的社会责任。循环经济发展越好的企业，其社会责任感和社会贡献能力也越大，指标值也越高，是正向指标。计算公式如下：

$$社会公益性支出比例 = \frac{企业社会公益性支出总额}{资产总额} \times 100\%$$

（3）社会负担系数指报告期内企业发展对社会人口造成负担的程度，是逆向指标。计算公式如下：

$$社会负担系数 = \frac{企业退休人员 + 企业下岗人员}{企业职工总人数} \times 100\%$$

（4）企业社会形象认可度指报告期内当地居民对企业运行的满意程度，包括生产过程的节能环保情况、产品价格与质量的适宜、企业社会责任的全面履行情况等。这一指标值需通过抽样调查取得，是正向指标。

以上四个指标从不同角度反映了企业在发展循环经济过程中需尽的社会责任，为了履行可持续发展理念，企业循环经济发展程度的高低与其社会贡献力与责任力的大小密不可分，后者是企业长期稳定发展的基本前提。

2. 生态工业园区发展评价指标体系的设计

生态工业园区的建立与发展是以企业内部小循环为基础的，故生态工业园区层面评价指标体系的设计要重点考察园区整体的总物质资源利用效率、园区经济效益和园区环境的管理规划，以掌握在保持园区环境承载力情况下真实的经济发展水平。为了能从指标体系的建立与评价中观察到园区资源利用、经济发展与生态环境保护之间的有机耦合情况，本书将自上而下构建"目标层—控制层—指标层"的树形生态工业园区发展评价指标体系。

目标层反映生态工业园区发展循环经济的综合能力和现状水平，是建立评价指标体系的最终目标。

控制层反映生态工业园区发展所涉及的主要领域。由于园区发展的关键是做好企业间的联合共生、建立生态产业链网络，故在企业小循环发展中被严格遵循的 3R 原则在园区中循环层面的建设中更为重要。与企业循环经济发展评价指标体系类似，物质资源减量化、资源利用效率与污染总量控制是园区循环经济发展评价指标体系中首要且必不可少的子系统。同时，园区的环境建设与治理水平是各个企业实施循环经济的必要保障，园区的环境承载力越大，说明其循环经济实施程度越高。除此之外，经济效益子系统作为传统固有的考察对象自不必说，园区内对制度建设、信息共享、公众认知等方面的管理也对其循环经济发展具有不可替代的作用。综上，生态工业园区循环经济发展评价指标体系的控制层由物质资源减量化、资源利用效率、污染总量控制、环境承载力、经济效益、园区管理六个子系统构成。

指标层的设计和建立是基于《循环经济评价指标体系（工业园区）》（以下简称《体系》）和《国家生态工业示范园区标准》（以下简称《标准》）并结合以往研究成果选择并确立的，如表 4-2 和表 4-3 所示。尽管《体系》或《标准》具有较强的权威性和科学性，但仍有可改进之处。例如，《体系》中的子系统设置及其指标选择虽集中体现了循环经济 3R 原则，但忽略了对园区经济效益与环境管理等领域的评价；《标准》中的指标设置可能存在概念模糊的问题，如"污水集中处理设施"和"园区环境风险防控体系建设完善度"两个指标，主要是从硬件建设角度对资源化或环境治理情况进行监测，由于其无法评价设备使用情况或防控体系的建设效果，一些园区可能仅为了达到指标要求而建立相关设施或体系，但并未对其进行有效利用，评价目标难以实现；另外，由于某些指标仅针对示范园区制定，没有考虑尚未列入试点的工业园区，故在示范园区总数相对较少的情况下,评价标准的全面、有效实施则受到约束。同时,以上文件在具体实施时可能会面临机构性障碍,如园区在进行循环经济发展评估时需要当地环保部门的引导,而环保部门得到的重视程度可能不如经信部门、法规部门或民政部门等,这导致园区所获的政府支持与配合也较弱,造成实际操作的困难(Geng et al., 2009)。因此,本书选取的指标体系并未直接沿用国家标准,而是在遵循指标体系评价目标与设计原则的基础上,对政策文件和学术成果中权威性、科学性且重复度均较高的指标进行整理和筛选后确立的。

表 4-2　循环经济评价指标体系（工业园区）

分类	指标
一、资源产出指标	主要矿产资源产出率
	能源产出率
	土地产出率
	水资源产出率
二、资源消耗指标	单位生产总值能耗
	单位生产总值取水量
	重点产品单位能耗
	重点产品单位水耗
三、资源综合利用指标	工业固体废物综合利用率
	工业用水重复利用率
四、废物排放指标	工业固体废物处置量
	工业废水排放量
	二氧化硫排放量
	COD 排放量

资料来源:国家发展改革委,国家环保总局,国家统计局.关于印发循环经济评价指标体系的通知(发改环资〔2007〕1815号)。

表 4-3　国家生态工业示范园区评价指标

分类	指标	备注
经济发展	高新技术企业工业总产值占园区工业总产值比例	4 项指标至少选择 1 项达标
	人均工业增加值	
	园区工业增加值三年年均增长率	
	资源再生利用产业增加值占园区工业增加值比例	
产业共生	建设规划实施后新增构建生态工业链项目数量	必选
	工业固体废物综合利用率	2 项指标至少选择 1 项达标
	再生资源循环利用率	

续表

分类	指标	备注
资源节约	单位工业用地面积工业增加值	2项指标至少选择1项达标
	单位工业用地面积工业增加值三年年均增长率	
	综合能耗弹性系数	必选
	单位工业增加值综合能耗	2项指标至少选择1项达标
	可再生能源使用比例	
	新鲜水耗弹性系数	必选
	单位工业增加值新鲜水耗	3项指标至少选择1项达标
	工业用水重复利用率	
	再生水（中水）回用率	
环境保护	工业园区重点污染源稳定排放达标情况	必选
	工业园区国家重点污染物排放总量控制指标及地方特征污染物排放总量控制指标完成情况	必选
	工业园区内企事业单位发生特别重大、重大突发环境事件数量	必选
	环境管理能力完善度	必选
	工业园区重点企业清洁生产审核实施率	必选
	污水集中处理设施	必选
	园区环境风险防控体系建设完善度	必选
	工业固体废物（含危险废物）处置利用率	必选
	主要污染物排放弹性系数	必选
	单位工业增加值二氧化碳排放量年均削减率	必选
	单位工业增加值废水排放量	2项指标至少选择1项达标
	单位工业增加值固废产生量	
	绿化覆盖率	必选
信息公开	重点企业环境信息公开率	必选
	生态工业信息平台完善程度	必选
	生态工业主题宣传活动	必选

资料来源：环境保护部. 国家生态工业示范园区标准（HJ 274—2015）。

基于此，本书确立了以生态工业园区发展水平为目标，以物质资源减量化、资源利用效率、污染总量控制、环境承载力、经济效益、园区管理为六大子系统，由28个指标组成的生态工业园区循环经济发展评价指标体系，如表4-4所示。其中，部分资源、环境与管理类指标借鉴了国家相关标准或评价体系里的内容，如工业用水重复利用率、COD排放量、二氧化硫排放量、工业固体废物综合利用率等，其含义与计算方法在相关文件中都有统一、详细的规定；而部分经济类指标与企业指标体系中的类似，如全员劳动生产率、资本收益率和 R&D 投入比例，其含义与计算方法在企业部分也有说明。因此，为了避免重复，本书将选择部分相对重要或新纳入的指标进行阐释，而不再一一说明。

表 4-4　生态工业园区循环经济发展评价指标体系设计

目标层	控制层	指标层 名称	编号	类型
生态工业园区发展水平	物质资源减量化 E_1	单位工业增加值综合能耗	F_1	逆向指标
		单位工业增加值新鲜水耗	F_2	逆向指标
		单位工业增加值废水产生量	F_3	逆向指标
		单位工业增加值固废产生量	F_4	逆向指标
		能源消费弹性系数	F_5	逆向指标
		水消费弹性系数	F_6	逆向指标
	资源利用效率 E_2	工业用水重复利用率	F_7	正向指标
		工业固体废物综合利用率	F_8	正向指标
		原材料循环利用率	F_9	正向指标
		土地产出率	F_{10}	正向指标
	污染总量控制 E_3	工业"三废"排放总量	F_{11}	逆向指标
		COD 排放量	F_{12}	逆向指标
		二氧化硫排放量	F_{13}	逆向指标
	环境承载力 E_4	单位工业增加值"三废"排放量	F_{14}	逆向指标
		COD 排放强度	F_{15}	逆向指标
		二氧化硫排放强度	F_{16}	逆向指标
		工业"三废"达标排放率	F_{17}	正向指标
		工业"三废"排放削减率	F_{18}	正向指标
		环境保护投资指数	F_{19}	正向指标
	经济效益 E_5	全员劳动生产率	F_{20}	正向指标
		工业增加值	F_{21}	正向指标
		工业增加值增长率	F_{22}	正向指标
		资本收益率	F_{23}	正向指标
		R&D 投入比例	F_{24}	正向指标
	园区管理 E_6	园区绿化覆盖率	F_{25}	正向指标
		园区环境管理制度建设	F_{26}	正向指标
		园区信息共享平台建设	F_{27}	正向指标
		公众对环境的满意度	F_{28}	正向指标

1）能源消费弹性系数

能源消费弹性系数指园区能源消费量年均增速与工业增加值年均增速之比,反映园区能源的消费强度。指标值小于1且越低时,说明随着园区规模扩大,经济进步,能源投入增长率在下降,能源减量化程度提高,是逆向指标。计算公式如下：

$$能源消费弹性系数 = \frac{园区能源消费量年均增速}{园区工业增加值年均增速}$$

2）水消费弹性系数

水消费弹性系数指园区水资源消费量年均增速与工业增加值年均增速之比,反映园区水资源的消费强度。与上一指标类似,衡量园区水资源投入的减量化程度,是逆向指标。计算公式如下：

$$水消费弹性系数 = \frac{园区水消费量年均增速}{园区工业增加值年均增速}$$

3）原材料循环利用率

原材料循环利用率指园区生产所用的原材料回收利用量与原材料使用量之比,反映园区对物质材料的综合利用效率。指标值越大,说明原材料综合利用效率越高,是正向指标。计算公式如下：

$$原材料循环利用率 = \frac{园区原材料回收利用量}{园区原材料使用量} \times 100\%$$

4）土地产出率

土地产出率指园区单位土地的平均年产值,反映园区土地资源的利用效率。指标值越大,说明土地资源利用率越高,是正向指标。计算公式如下：

$$土地产出率 = \frac{园区工业总产值}{园区用地面积} \times 100\%$$

5）单位工业增加值"三废"排放量

单位工业增加值"三废"排放量指园区内产生单位工业增加值所排放的工业废水、废气、废渣总量,反映园区内"三废"排放强度,属于生产末端的污染控制问题。指标值越大,说明园区获得经济收益所需付出的生态成本越大,是逆向指标。计算公式如下：

$$单位工业增加值"三废"排放量 = \frac{园区工业"三废"排放总量}{园区工业增加值}$$

6）COD 排放强度

COD 排放强度指园区产出的单位工业增加值所排放的 COD 量,反映园区 COD 排放总量对其环境承载力的影响作用。指标值越大,说明园区经济发展伴随着越高的 COD

排放，园区环境承载力越容易达到上限，是逆向指标。计算公式如下：

$$COD排放强度 = \frac{COD排放总量}{园区工业增加值}$$

7）工业"三废"达标排放率

工业"三废"达标排放率指园区内工业"三废"达标排放量与排放总量之比，反映生产末端对废弃物的无害化处理程度。指标值越大，说明园区的废弃物无害化处理程度越高，环境压力越小，是正向指标。计算公式如下：

$$工业"三废"达标排放率 = \frac{园区工业"三废"达标排放量}{园区工业"三废"排放总量} \times 100\%$$

8）工业"三废"排放削减率

工业"三废"排放削减率指园区内当年工业"三废"排放量比上年减少的幅度，反映园区废弃物排放总量的减少情况，是生产末端的减量化体现。指标值越大，说明园区废弃物治理成效越好，是正向指标。计算公式如下：

$$工业"三废"排放削减率 = \frac{园区工业"三废"排放削减量}{上年园区工业"三废"排放量} \times 100\%$$

其中，

园区工业"三废"排放削减量 = 上年园区工业"三废"排放量 − 当年园区工业"三废"排放量

9）园区绿化覆盖率

园区绿化覆盖率指园区各类绿地总面积与园区用地总面积之比，反映园区生产生活环境的绿化程度。指标值越大，说明园区的生态环境越好，越能体现循环经济与可持续发展理念，是正向指标。计算公式如下：

$$园区绿化覆盖率 = \frac{园区内各类绿地总面积}{园区用地总面积} \times 100\%$$

10）公众对环境的满意度

公众对环境的满意度指园区周边居民对园区生态环境的满意程度，该指标从侧面反映园区发展所带来的社会影响，也体现了公众参与在循环经济发展中的重要作用。这一指标值需通过抽样调查取得，是正向指标。

3. 区域循环经济发展评价指标体系的设计

区域循环经济发展评价指标体系是对资源、环境、经济和社会四大系统的共生协调发展进行综合评价的指标体系，本书基于以上对区域大循环体系建设的深入分析，并将国家发展改革委等部门出台的《循环经济评价指标体系（宏观）》、国内外研究成果及发达国家建立的全国性循环经济评价指标，作为本书构建区域循环经济发展评价指标体系的理论支撑。

首先，确定区域大循环评价指标体系的目标层。实施区域循环经济的最终目的，是希望通过经济增长方式的根本性转变，实现区域经济社会的可持续发展。因此，区域循环经济发展水平就成了衡量区域经济社会可持续发展进程的关键性指标，同时是这一指标体系目标层的代表。

其次，确定区域大循环评价指标体系的控制层。对以生产端为主的企业小循环体系和园区中循环体系而言，资源环境要素对其发展循环经济的重要性略高于经济社会要素；而对区域大循环体系而言，其循环经济的长期良性发展依赖生产端和消费端的平衡统一，需要资源、环境、经济和社会四大领域的协同共生发展。因此，区域评价指标体系的控制层，由资源子系统、环境子系统、经济子系统和社会子系统组成。其中，资源子系统主要是对原材料、副产品和废弃物综合利用效率的考察；环境子系统主要是对城市绿化面积、废水、固废和空气质量的考察，因为目前农村的环境问题更多是针对改水、改厕等基础设施的完善，与循环经济关联不甚明显，故这一阶段区域循环经济发展在环境改善上的重点是城市；经济子系统主要是对总量、增速、结构和人均状况的考察；社会子系统则是对城市化进程和居民生活水平的考察。以上四大子系统的有机耦合是助推循环经济发展、加快可持续进程的必要条件和重要手段。

最后，确定区域大循环评价指标体系的指标层。国家发展改革委、国家环保总局和国家统计局联合出台了一套宏观循环经济评价指标体系，其中宏观层面的体系构建如表4-5 所示。这一指标体系具有较强的权威性和统一性，从表中可以看出，其主要是从循环经济特征与 3R 原则的角度进行设计，具体指标均涉及资源利用与废弃物治理问题，可见政府部门希望考察的重点在于"循环"二字。然而，在同时借鉴其他相关研究成果的情况下，发现大多数学者和研究机构认为仍应兼顾经济社会和资源环境因素，并将其联合起来进行评价与分析（史宝娟和赵国杰，2007；牛桂敏，2005；Veleva and Ellenbecker，2001；World Bank，1995）。因此，本书基于以上确立的目标层和控制层，将对其具体指标进行较为综合、全面的筛选，以提高评估结果的可靠性和准确性。

表 4-5 循环经济评价指标体系（宏观）

	指标
一、资源产出指标	主要矿产资源产出率
	能源产出率
二、资源消耗指标	单位国内生产总值能耗
	单位工业增加值能耗
	重点行业主要产品单位综合能耗
	单位国内生产总值取水量
	单位工业增加值用水量
	重点行业单位产品水耗
	农业灌溉水有效利用系数

续表

	指标
三、资源综合利用指标	工业固体废物综合利用率
	工业用水重复利用率
	城市污水再生利用率
	城市生活垃圾无害化处理率
	废钢铁回收利用率
	废有色金属回收利用率
	废纸回收利用率
	废塑料回收利用率
	废橡胶回收利用率
四、废物排放指标	工业固体废物处置量
	工业废水排放量
	二氧化硫排放量
	COD 排放量

资料来源：国家发展改革委，国家环保总局，国家统计局.关于印发循环经济评价指标体系的通知（发改环资〔2007〕1815号）。

综上，基于区域循环经济发展评价指标体系的层次结构设计，本书对具体指标进行选择，并最终确立了以区域循环经济发展水平为目标层，以资源子系统、环境子系统、经济子系统和社会子系统为控制层，由 26 个指标组成的评价指标体系，如表 4-6 所示。以下将对其中主要指标的含义进行阐释。

表 4-6 区域循环经济发展评价指标体系设计

目标层	控制层	指标层 名称	编号	类型
区域循环经济发展水平	资源子系统 H_1	万元 GDP 水耗	I_1	逆向指标
		万元 GDP 能耗	I_2	逆向指标
		万元 GDP 工业废气排放量	I_3	逆向指标
		万元 GDP 工业二氧化硫排放量	I_4	逆向指标
		万元 GDP 废水排放量	I_5	逆向指标
		万元 GDP 固废排放量	I_6	逆向指标
		工业用水重复利用率	I_7	正向指标
		一般工业固体废弃物综合利用率	I_8	正向指标
		工业"三废"综合利用产品产值占比	I_9	正向指标
	环境子系统 H_2	人均公园绿地面积	I_{10}	正向指标
		自然保护区占辖区面积比例	I_{11}	正向指标

续表

目标层	控制层	指标层 名称	编号	类型
区域循环经济发展水平	环境子系统 H_2	城市污水处理率	I_{12}	正向指标
		城市生活垃圾无害化处理率	I_{13}	正向指标
		地级以上城市环境空气质量达标比例	I_{14}	正向指标
	经济子系统 H_3	GDP	I_{15}	正向指标
		人均 GDP	I_{16}	正向指标
		GDP 年增长率	I_{17}	正向指标
		第二产业增加值	I_{18}	正向指标
		第三产业增加值占 GDP 比例	I_{19}	正向指标
		环境污染治理投资占 GDP 比例	I_{20}	正向指标
	社会子系统 H_4	R&D 经费占 GDP 比例	I_{21}	正向指标
		城镇化水平	I_{22}	正向指标
		城市化率与工业化率之比	I_{23}	正向指标
		城镇居民恩格尔系数	I_{24}	逆向指标
		农村居民恩格尔系数	I_{25}	逆向指标
		城乡居民人均收入比	I_{26}	适度指标

1）工业"三废"综合利用产品产值占比

工业"三废"综合利用产品产值占比指使用工业"三废"作为主要原材料生产的产品产值（包括已出售的产品和存货）占 GDP 的比例，该指标反映区域废弃物的资源化程度。指标值越大，说明区域工业发展中对废弃物循环利用的程度越高，是正向指标。计算公式如下：

$$\text{工业"三废"综合利用产品产值占比} = \frac{\text{工业"三废"综合利用产品产值}}{\text{GDP}} \times 100\%$$

2）人均公园绿地面积

人均公园绿地面积指公园绿地面积与城市人口数量之比，反映城市绿化水平。指标值越大，说明城市环境状况越好，越适宜人类居住，是正向指标。计算公式如下：

$$\text{人均公园绿地面积} = \frac{\text{公园绿地面积}}{\text{城市人口数量}}$$

3）自然保护区占辖区面积比例

自然保护区占辖区面积比例指区域内自然保护区面积与辖区面积之比，反映区域发展中对特定生态区域的保护，如物种保护区、自然遗迹保护区、生态系统保护区等，是正向指标。计算公式如下：

$$自然保护区占辖区面积比例 = \frac{自然保护区面积}{辖区面积} \times 100\%$$

4）城市污水处理率

城市污水处理率指城市污水处理量与城市污水排放总量之比，反映对城市水资源进行末端处理的能力，是正向指标。计算公式如下：

$$城市污水处理率 = \frac{城市污水处理量}{城市污水排放总量} \times 100\%$$

5）城市生活垃圾无害化处理率

城市生活垃圾无害化处理率指城市生活垃圾无害化处理量与城市生活垃圾产生量之比，反映城市生活垃圾的资源化程度。指标值越大，说明城市排放的生活垃圾无害化程度越高，对环境的负面作用越小，是正向指标。计算公式如下：

$$城市生活垃圾无害化处理率 = \frac{城市生活垃圾无害化处理量}{城市生活垃圾产生量} \times 100\%$$

6）地级以上城市环境空气质量达标比例

地级以上城市环境空气质量达标比例指对开展环境空气质量监测的地级以上城市的主要大气污染物进行监测。但2012年及之前，环境保护部是按照《环境空气质量标准》（GB 3095—1996）对地级以上市或县级以上城市的 SO_2、NO_2 和 PM_{10} 三项污染物年均值进行测度，计算达到二级以上标准的城市占所有监测城市的比例；而2013年开始，环境保护部开始以新标准《环境空气质量标准》（GB 3095—2012）对地级以上城市 SO_2、NO_2、PM_{10}、$PM_{2.5}$ 的年均值，CO 日均值和 O_3 日最大8小时均值进行监测，计算空气质量达到或优于二级标准的城市比例。由于监测标准变动较大，统计口径不一致，故对这一指标的测算在新标准全面实施以后可考虑逐渐展开，是正向指标。计算公式如下：

$$地级以上城市环境空气质量达标比例 = \frac{新标准下地级以上城市空气质量达标数量}{新标准下监测空气质量城市数量} \times 100\%$$

7）第三产业增加值占 GDP 比例

第三产业增加值占 GDP 比例反映区域经济发展结构的变化与调整。第三产业占比越高，说明区域发展逐渐以轻工业为主导，经济活动对生态环境造成的伤害较小，是正向指标。计算公式如下：

$$第三产业增加值占GDP比例 = \frac{第三产业增加值}{GDP} \times 100\%$$

8）环境污染治理投资占 GDP 比例

环境污染治理投资占 GDP 比例指区域发展中用于环境污染治理的费用占 GDP 的比

例，反映地方政府、园区、企业等经济活动实施者对环保问题的关注和治理程度，是正向指标。计算公式如下：

$$环境污染治理投资占GDP比例 = \frac{环境污染治理投资}{GDP} \times 100\%$$

9）城市化率与工业化率之比

城市化率与工业化率之比衡量区域工业化发展阶段。指标值越大，说明城市化对工业化的带动作用越明显，区域经济社会发展逐渐迈入工业化中后期甚至后工业化时期，反映城市经济社会发展的进步程度；反之亦然，是正向指标。计算公式如下：

$$城市化率与工业化率之比 = \frac{城市化率}{工业化率} \times 100\%$$

10）城镇居民恩格尔系数

城镇居民恩格尔系数指城镇居民食品支出在城镇居民现金消费支出中所占的比例，反映城镇居民的物质生活水平。指标值越高，说明城镇居民的收入中用于购买食品的开支越多，生活水平越低；反之，生活水平越高，人们有越多现金可购买满足其他高层次需求的商品，是逆向指标。计算公式如下：

$$城镇居民恩格尔系数 = \frac{城镇居民食品支出}{城镇居民现金消费支出} \times 100\%$$

同理，可知农村居民恩格尔系数的含义与评价目的，故不再赘述。

11）城乡居民人均收入比

城乡居民人均收入比指城镇居民人均可支配收入与农村居民人均纯收入之比，2013年开始国家统计局以农村人均可支配收入代替农村人均纯收入，以增强城乡居民收入的可比性。这一指标为适度指标，国际上较为公认的标准值为 2，故本书也以此作为衡量标准对该指标进行分析。

4.2 循环经济发展的定量评估方法选择

在对循环经济发展评价指标体系进行构建的基础上，本书将从指标赋权、数据标准化和综合评估的角度，同时结合对循环经济常用评估方法较为系统和全面的文献梳理（详见 2.3.3 小节），分别确定其相应的研究方法，最终确立了较为科学、客观的 AHP-TOPSIS 综合评估模型作为本书研究的核心方法。

4.2.1 指标赋权方法的选择

在对构建好的各类指标体系进行评价时，确定各子系统及具体指标的重要性程度是首要任务。权重的大小直接影响实证对象的评估结果，从而影响对实证结果进行分析、判断或预测的准确度。不设置权重或设置不准确的权重可能导致逻辑判断的不合理、计算结果的不可靠或结论分析的不客观等结果,故科学合理的权重设置是保证评价指标体系得到妥善应用的关键。

目前,对多指标体系确立权重的方法通常分为主观赋权法、客观赋权法和主客观结合赋权法三类。主观赋权法通过咨询相关研究领域多位专家的意见,以给出各自认为适宜的各指标重要程度,综合所有意见后确立最终的指标权重,权重受个人主观判断的影响较大,但可操作性强,如专家咨询法。客观赋权法通过原始数据间的相关关系等运用计量方法进行计算赋权,这一方法确立的权重不依赖人的主观判断,但需要大量的样本数据支持,且样本容量会对赋值结果产生直接影响,实用性较弱,如多目标规划法。而目前在研究中使用较多的是主客观结合赋权法,如层次分析法、主成分分析法等。

层次分析法的基本思路在本书综述部分已进行过详细阐述,此处不再赘述。而主成分分析法本质上是一种降维的方法,即通过因子分析对决策单位评价指标体系中的具体指标进行筛选,将计算出来的因子特征根按由大到小的顺序排列,排名前85%的因子予以保留,排名后15%的小因子被剔除,最终确立能反映大部分信息的主成分因子(综合指标)作为评价工具,这一过程即确定各个指标的权重设立过程。但与层次分析法不同的是,主成分分析法虽然也是通过权重得分来进行实证与评价,但此法需要借助原始数据才能进行计算,而通常需使用这一方法进行研究的又多是综合性决策问题,原始变量多且数据不易全部获得,故此方法的使用具有一定局限性;而层次分析法的定权无须借助原始数据就可确立,其通用性与可操作性相较主成分分析法更强。

由此可见,层次分析法比主成分分析法更能灵活地处理数据缺乏问题,即直接根据确立的循环经济发展评价指标体系定权。而无论是企业、生态工业园区还是区域循环经济发展,都是多目标的复杂决策问题,均涉及资源、环境、经济等多个领域,若要获得较为完整的样本数据,难度较大。因此,在没有更多后续数据支撑的情况下,运用层次分析法可以权重为依据直接对循环经济发展的影响因素进行分析;而在能够获取相应数据的情况下可进一步将权重与综合评估相结合,对循环经济发展水平进行更合理、全面、科学的量化分析。综上,本书将选择层次分析法作为企业、生态工业园区和区域循环经济发展评价指标体系权重设置的方法,并在构建判断矩阵时结合专家咨询,尽可能确保赋权结果的可靠性和科学性。

4.2.2 数据标准化法的选择

循环经济发展评价指标体系内各个指标的含义与计算方式不同,造成其原始数值无法直接进行比较。因此,在运用定量方法进行综合评估之前,先要对指标值进行标准化处理,通过函数式的计算实现各指标数据单位的统一,从而才能在各个指标间进行相互比较。常用的标准化方法有极差标准化法、标准差标准化法、向量规范化法和均值法,具体如下所示。

1. 极差标准化法

极差标准化法的基本思路是,首先找出每一个指标值中的最大值和最小值,如果是纵向比较,则找出对应不同年份的指标最大值和最小值,如果是横向比较,则找出对应不同研究对象的指标最大值和最小值；其次区分出指标体系中的正向指标与逆向指标，分别进行标准化计算。计算公式如下：

$$X'_{ij} = \begin{cases} \dfrac{X_{ij} - \min\limits_{i}\{X_{ij}\}}{\max\limits_{i}\{X_{ij}\} - \min\limits_{i}\{X_{ij}\}} \\ \dfrac{\max\limits_{i}\{X_{ij}\} - X_{ij}}{\max\limits_{i}\{X_{ij}\} - \min\limits_{i}\{X_{ij}\}} \end{cases} \quad (4\text{-}1)$$

式中，针对某一指标 X，X'_{ij} 为标准化值；X_{ij} 为第 i 行第 j 列指标的原始数值；$\max\limits_{i}\{X_{ij}\}$ 和 $\min\limits_{i}\{X_{ij}\}$ 分别为第 i 行中指标的最大值与最小值。如果指标属性为正向指标，则使用式(4-1)中的第一个等式，如果指标属性为逆向指标，则使用其中的第二个等式。这一方法采取的是非负值的[0,1]区间处理法，即标准化后的数据不会产生负值，且都位于[0,1]这个区间之内，是较为常用的数据标准化方法。

2. 标准差标准化法

标准差标准化法又称 Z-score 标准化法，基本思路是基于原始数据的均值和标准差计算进行标准化，经过处理后的数据符合标准正态分布。计算公式如下：

$$X'_{ij} = \frac{X_{ij} - \bar{X}_i}{\sqrt{\dfrac{\sum\limits_{j=1}^{n}(X_{ij} - \bar{X}_i)^2}{n-1}}} \quad (4\text{-}2)$$

式中，X'_{ij} 为标准化值；X_{ij} 为第 i 行第 j 列指标的原始数值；$\bar{X}_i$ 为第 i 个指标的均值。标准化后的指标值围绕 0 上下波动，数值大于 0 说明高于平均水平，小于 0 说明低于平均水平。但对于原始数据大多为 0 的指标，这一方法就是一个除 0 的过程，结果难以预料，需斟酌使用。

3. 向量规范化法

向量规范化法通常用于计算评价方案与某种虚拟方案，如最优或最劣方案的欧氏距离。此种标准化法的特点是，各方案同一指标值的平方和为 1。计算公式如下：

$$X'_{ij} = \begin{cases} \dfrac{X_{ij}}{\sqrt{\sum\limits_{i=1}^{n}X_{ij}^2}} \\ \dfrac{1/X_{ij}}{\sqrt{\sum\limits_{i=1}^{n}(1/X_{ij})^2}} \end{cases} \quad (4\text{-}3)$$

与极差标准化法类似，正向指标使用式（4-3）中第一个等式进行标准化处理，反之则使用第二个等式。

4. 均值法

均值法的计算方式较为简单和直观，即计算出各类指标的平均值，用每个指标的原始值除以其对应均值，便可得到标准化后的数值。计算公式如下：

$$X'_{ij} = \frac{X_{ij}}{\overline{X}_j} \quad (4\text{-}4)$$

$$\overline{X}_j = \frac{\sum_{i=1}^{n} X_{ij}}{n} \quad (4\text{-}5)$$

式中，X'_{ij} 为标准化值；X_{ij} 为第 i 行第 j 列指标的原始数值；$\overline{X}_j$ 为第 j 列指标的均值。

根据以上分析，发现前两种标准化法——极差标准化法和标准差标准化法都较为常用，适合对大多数模型中的原始数据进行处理；而向量规范化法常用于 TOPSIS 分析法等通过求解欧氏距离对决策对象进行评价的模型中。从本书拟选择的评估模型来看，选择向量规范化法对原始数据进行归一化处理最为合适。然而，如果指标体系的原始数据样本量过少，如只有两年的具体数据，则出现数据波动或极端值的概率较低，此时宜采用均值法对数据进行标准化；之后，对求出的逆向指标标准化值进行交换，以解决指标方向不一致的问题。因此，本书在对企业和区域循环经济发展水平进行定量评估时，将选择向量规范化法对原始数据进行标准化；而在下文对以青白江工业集中区为案例的生态工业园区发展评价中，由于园区数据可获样本量较少，将采用均值法对原始值进行标准化处理。

4.2.3 综合评估方法的选择

目前，国内外对循环经济的定量评估方法研究尚处于初级阶段，学者多是将针对经济社会问题、环境绩效问题或生态经济问题等的多指标体系评估方法或模型引入循环经济领域中，对其发展水平进行评估，如物质流分析法、生命周期分析法、模糊综合评价法、灰色关联分析法、系统动力学分析法、数据包络分析法和 TOPSIS 分析法等。除此之外，也有专门基于循环经济或生态经济学理论所创建的评估方法，如能值分析法。前一类方法的理论与应用都较为成熟，运用范围广，能尽可能保证评价结果的综合性、科学性和可靠性，但其与循环经济发展的关联性不显著，需要作者在研究过程中进行较为明确、深入的阐述；后一类方法兴起的时间相对较晚，应用标准还需进一步完善，但其基本思想与循环经济理论一脉相承，是未来循环经济方法研究的主要方向之一。因此，本书将对以上常用方法进行对比分析，以选择和确立本书的主要研究方法。

（1）物质流分析法可观测资源能量在生产—消费全过程中的利用情况，指标体系构建要求全面、完善，但其对各类物质的计量缺乏统一的折算方法，且指标宏观性较强，难以通过评估结果直接观测到单个指标对循环经济产生的影响，容易造成实证结果不准确。

（2）生命周期分析法的评估顺序为自上而下的线性模式，在评估反复变化的研究对象时缺乏优势，加上此方法容易在考虑环境可持续性时忽略经济社会可持续性，且需要大量数据支撑，故可操作性不高。

（3）模糊综合评价法虽可对循环经济动态发展进行测度和量化排序，但在指标集较大时，容易出现无法区别指标隶属度高低，从而评价失败的情况，加上各指标间易出现多重共线性的问题，评价结果的准确度也会受到影响。

（4）灰色关联分析法具有广泛的适用性和较强的操作性，是分析经济社会问题常用的评价方法，但这一方法在应用中需要对指标体系中的最优序列进行选择并将其作为参考数列，而体系中各个指标的最优值并不一定在同一数列中，或某些指标的最优值难以确认，导致这一方法在操作上的主观性较强，最终影响结果的准确性。

（5）系统动力学分析法主要应用于复杂问题的分析，可使难以量化或评估的研究问题简化并有规律可循，但研究对象的复杂性容易导致研究者在进行机制反馈图和位流图的构建时对决策系统分析不全面、不准确甚至错误，而这会直接影响结论的可靠性。

（6）数据包络分析法是针对多个决策单位（样本空间或时间序列）发展的相对有效性分析，但如果指标过多而样本量过少，便容易出现多个决策单位效率值为1而无法比较的情况。目前的循环经济发展无论是从执行者还是从执行时间上看，样本量都相对较少，但评价指标由于未统一或规范化而数量较多，故此方法更适用于分析循环经济发展水平相对较高、信息数据趋于完备的个体对象，对本研究来说暂时不是最佳评估方法。

（7）能值分析法的应用必须要借助专门的能值数据和太阳能转化率，其指标设置和体系构建也不同于一般方法，这与上文构建的循环经济发展评价指标体系不一致，故不适用于本研究。

（8）TOPSIS分析法的基本原理及其应用不仅兼顾了系统评价的综合性、方法的可操作性和数据的可获取性，以及对评价对象的发展进行优劣程度排序，还提供了一个相对合理的最优方案作为结果分析的依据，使评价结果既全面又可细分，符合本研究中指标体系的评价目标。但考虑到此方法的定权较为主观，故拟将层次分析法和TOPSIS分析法相结合以解决这一问题。

综上，本书构建AHP-TOPSIS综合评估模型作为研究中企业、生态工业园区和区域发展水平的主要定量评估方法。另外，若评价对象样本量（年份）过少，则利用TOPSIS分析法进行综合评价的意义不大，原因在于研究对象相对贴合度的排序值太少，难以从中观察到系统及其要素的发展状况。故如果遇到此类情况，可基于层次分析法所确定的权重直接对标准化后的指标值进行加权求和，计算指标体系的综合得分并进行分析。这一方法调整将在第5章对生态工业园区相关案例进行定量评估时应用。

4.3 AHP-TOPSIS 综合评估模型的确立与构建

本书在综合考虑了各类定量评价方法的优缺点以及对本研究的适用性基础上，最终确立了以向量规范化法和均值法（样本信息小于两年）为数据标准化法的 AHP-TOPSIS 综合评估模型，对企业、生态工业园区和区域循环经济发展水平进行相对科学、客观和全面的评估。下面将对这一评估模型的具体构建步骤进行阐述，包括设置指标权重、数据标准化处理、TOPSIS 综合评估，为第 5 章的方法应用提供技术支撑。

4.3.1 设置指标权重

按照层次分析法，确定指标权重包括四个步骤：构建层次结构模型、构建判断矩阵、进行层次单排序及一致性检验，以及进行层次总排序及一致性检验。最终确定指标体系的各级权重与总权重。

1. 构建层次结构模型

首先，根据循环经济发展的系统性，构建自上而下的指标体系层次结构图，以反映系统内部各层级之间的逻辑从属关系，如图 4-2 所示。

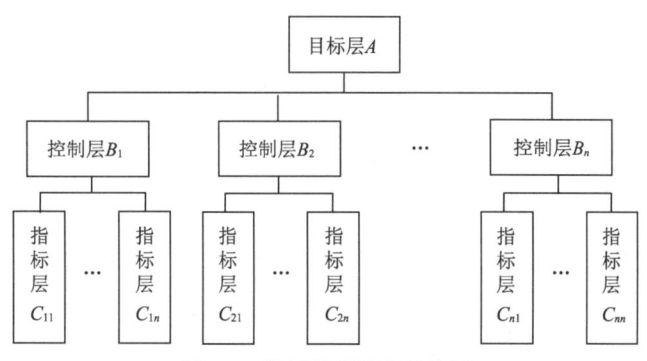

图 4-2　指标体系层次结构图

2. 构建判断矩阵

建立层次结构模型后，要对上下层元素间的隶属关系进行定量分析，即将某层次一个元素和与此元素相关的下一层次元素进行两两比较，构建比较判断矩阵。例如，控制层元素对指标层元素有支配作用，因此，要在准则 B_i 下，按相对重要性对 $C_i(i=1,2,\cdots,n)$ 进行赋值。对于 n 个元素而言，即可得到判断矩阵 $C=(C_{ij})_{n\times n}$，$C_{ij}>0$，$C_{ij}=1/C_{ji}$。其中，$C_{ij}=C_i/C_j$，表示元素 i、j 相对于目标 B_i 的重要性。判断矩阵 $B=(C_{ij})_{n\times n}$，公式如下：

$$B=\begin{bmatrix} C_{11} & C_{12} & \cdots & C_{1n} \\ C_{21} & C_{22} & \cdots & C_{2n} \\ \vdots & \vdots & & \vdots \\ C_{n1} & C_{n2} & \cdots & C_{nn} \end{bmatrix} \quad (4\text{-}6)$$

判断矩阵是层次分析法的基础，对元素间相对重要性的估计通常由熟悉循环经济研究领域的专家学者，依据 Saaty（1977）的 1～9 层次分析标度进行打分，如表 4-7 所示。专家咨询以问卷调查形式为主。

表 4-7　层次分析标度及其含义

标度	含义
1	i 元素与 j 元素同样重要
3	i 元素比 j 元素稍微重要
5	i 元素比 j 元素明显重要
7	i 元素比 j 元素强烈重要
9	i 元素比 j 元素极端重要
2	1、3 两个相邻判断的中间值
4	3、5 两个相邻判断的中间值
6	5、7 两个相邻判断的中间值
8	7、9 两个相邻判断的中间值
1/3	j 元素比 i 元素稍微重要
1/5	j 元素比 i 元素明显重要
1/7	j 元素比 i 元素强烈重要
1/9	j 元素比 i 元素极端重要
1/2	1、1/3 两个相邻判断的中间值
1/4	1/3、1/5 两个相邻判断的中间值
1/6	1/5、1/7 两个相邻判断的中间值
1/8	1/7、1/9 两个相邻判断的中间值

注：i 元素和 j 元素分别代表同一层次的不同指标。

3. 进行层次单排序及一致性检验

首先，计算判断矩阵每一行元素的乘积 M_i：

$$M_i = \prod_{j=1}^{n} a_{ij}, \quad i = 1, 2, \cdots, n \tag{4-7}$$

其次，计算 M_i 的 n 次方根 $\overline{W}_i$：

$$\overline{W}_i = \sqrt[n]{M_i} \tag{4-8}$$

接着，对向量 $\overline{W} = [W_1, W_2, \cdots, W_n]^T$ 进行归一化处理：

$$W_i = \frac{\overline{W}_i}{\sum_{j=1}^{n} \overline{W}_j} \quad (4\text{-}9)$$

式中，W_i 为所求的特征向量，即元素 $C_i(i=1,2,\cdots,n)$ 的权重。

再次，计算判断矩阵的最大特征根：

$$\lambda_{\max} = \frac{1}{n}\sum_{i=1}^{n}\frac{(BW)_i}{W_i} = \frac{1}{n}\sum_{i=1}^{n}\frac{\sum_{j=1}^{n}(C_{ij}W_j)}{W_i} \quad (4\text{-}10)$$

式中，$(BW)_i$ 为向量 BW 的第 i 个分量；n 为矩阵阶数；W 为特征向量；W_i 和 W_j 分别是 C_i 和 C_j 的权重。

最后，进行一致性检验。

在评价过程中，评价者只能根据自己对专业领域的了解对 C_{ij} 进行估计，因此对每一个 C_{ij} 的判断要求有大体的一致性趋势，而不能出现甲比乙极端重要，乙比丙极端重要，而丙又比甲极端重要的矛盾。在计算一系列的权重之后，需要对判断矩阵进行一致性检验，排除决策者的判断结果相互矛盾的情况，即

$$CI = \frac{\lambda_{\max} - n}{n - 1} \quad (4\text{-}11)$$

$$CR = \frac{CI}{RI} \quad (4\text{-}12)$$

式中，CI 为一致性指标；RI 为平均随机一致性指标（可查表 4-8 得出）；CR 为随机一致性指标。当 CR < 0.100 时，即判断矩阵有一致性，说明这一模型构建是成功的；否则，调整判断矩阵，直到通过一致性检验。

表 4-8 判断矩阵平均随机一致性指标 RI 值

n	1	2	3	4	5	6	7	8	9
RI	0.00	0.00	0.58	0.90	1.12	1.24	1.32	1.41	1.45

4. 进行层次总排序及一致性检验

层次总排序是由上而下逐层进行的，根据同一层次中层次单排序的计算结果，综合得出每一层次对上一层次的相对重要性的权重，最后得出指标层各要素相对于目标最高层的总排序权重。

与层次单排序类似，总排序的计算结果也要进行一致性检验。公式如下：

$$CI = \sum_{j=1}^{m}(C_j CI_j) \quad (4\text{-}13)$$

$$RI = \sum_{j=1}^{m}(C_j RI_j) \quad (4\text{-}14)$$

$$CR = \frac{CI}{RI} \quad (4\text{-}15)$$

式中，CI 为总排序的一致性指标；CI_j 和 RI_j 分别为 C_j 对应 B 层次中判断矩阵的一致性指标和随机一致性指标；CR 为层次总排序的随机一致性指标，其结果判断方式与层次单排序中的一致性检验相同。

4.3.2 数据标准化处理

根据本书对原始数据标准化方法的阐释可知，针对样本数（年份）大于两年的研究对象，其原始数据采用向量规范化法进行计算，其余则采用均值法处理（具体公式见 4.2.2 小节）。其中，元素原始值和标准化值分别用 X_{ij} 和 X'_{ij} 表示。

4.3.3 TOPSIS 综合评估

在确立了指标权重和对原始数据进行标准化处理后，就需要对循环经济指标体系进行 TOPSIS 综合评估并分析。具体步骤如下。

（1）计算评价对象的正负理想解。

确定加权标准化决策矩阵 $Y = (y_{ij})_{m \times n}$：

$$y_{ij} = W_j \times X'_{ij} \quad (4\text{-}16)$$

确定矩阵 Y 的正理想解 Y^+ 和负理想解 Y^-：

$$Y^+ = (y_1^+, y_2^+, \cdots, y_n^+) \quad (4\text{-}17)$$

$$Y^- = (y_1^-, y_2^-, \cdots, y_n^-) \quad (4\text{-}18)$$

式中，$y_j^+ = \max_i y_{ij}$，$y_j^- = \min_i y_{ij}$。

（2）计算评价对象与理想解之间的欧氏距离：

$$d_i^+ = \sqrt{\sum_{i=1}^{n}(y_{ij} - y_j^+)^2} \quad (4\text{-}19)$$

$$d_i^- = \sqrt{\sum_{j=1}^{n}(y_{ij} - y_j^-)^2} \quad (4\text{-}20)$$

(3) 计算各评价对象与最优方案的相对贴近度：

$$C_i = d_i^- / (d_i^- + d_i^+), \quad i=1,2,\cdots,n \tag{4-21}$$

(4) 对评价对象进行排序。

最后，根据相对贴近度 C_i 的大小，对评价对象进行优劣排序并分析。这里的综合评分值（即相对贴近度 C_i）只具有序数效应而不具有基数效应，即计算结果适用于分析各评价对象循环经济发展水平的高低并进行排序，而不适用于对各分值进行计量并得出结论。

4.4 本章小结

本章通过设计企业、生态工业园区和区域循环经济发展评价指标体系，选择、确立并说明本书的核心研究方法——层次分析法与逼近理想值排序法相结合的 AHP-TOPSIS 综合评估模型，从而构建了循环经济发展水平的定量评估方法体系。具体而言，本章在指标体系设计的过程中，确立了评价指标体系建立的目标和原则，且分别构建了企业、生态工业园区和区域循环经济发展评价指标体系。其中，企业评价指标体系由资源投入减量化、资源利用效率、废弃物排放与无害化、经济效益和社会效益五个子系统组成，共 25 个指标；生态工业园区评价指标体系由物质资源减量化、资源利用效率、污染总量控制、环境承载力、经济效益和园区管理六个子系统组成，共 28 个指标；区域评价指标体系由资源、环境、经济和社会四个子系统组成，共 26 个指标。接着，从设置指标权重、数据标准化处理和 TOPSIS 综合评估角度，依次确立了适合本研究的分析方法，最终构建了 AHP-TOPSIS 综合评估模型，作为评价循环经济多指标体系的综合定量方法；该方法既对原始数据进行了充分运用又没有太多太高的要求，还能对循环经济发展水平进行较为客观、科学和系统的评估，是能够实现评价结果可靠性与方法应用可操作性统一的综合模型。最后，本章对这一模型的具体操作步骤进行了详细阐释，以期为第 5 章的方法应用提供技术支持。

第 5 章　循环经济发展水平的定量评估方法应用

基于前面构建的循环经济发展水平定量评估方法，本章将对这一方法进行综合应用，即在循环经济的三大发展层面中各选择一个评价对象进行案例分析，这三个评价对象分别是五粮液集团、青白江工业集中区和以全国范围为对象的区域循环经济主体。

5.1　企业循环经济发展的定量评估方法应用
——以五粮液集团为例

"十三五"时期，我国产业结构的调整方向是在合理分配轻、重工业发展比例下，注重轻、重制造业基础能力与创新能力的全面培育与升级，并提高企业的精细化生产、绿色生产、智能生产及节能环保等能力。我国循环经济试点示范企业遍布钢铁、化工、有色、煤炭、建材、电力和轻工业七大重点行业，其中，前六大行业都属于重工业，已有大量学者对该类企业展开研究并进行案例分析（刘琳琳等，2013；陈晓红等，2012；黄卉和彭龙，2009）；而学术界对轻工类企业循环经济发展水平的评估成果则相对较少。因此，在这一宏观背景和研究现状下，本章拟选取轻工类企业作为循环经济评价的案例分析对象，希望为此类企业的循环经济发展水平定量研究提供参考。进一步地，轻工类企业涉及食品、纺织、家电和造纸等多个行业，每个行业的企业循环经济发展各有特点，不能一概而论。而在考虑数据的相对完整性及可获性的情况下，本书选取首批通过国家循环经济示范试点验收的企业——四川省宜宾五粮液集团有限公司（以下简称五粮液集团）作为案例分析对象，对本书所构建的指标体系及其评估模型进行应用。

5.1.1　五粮液集团循环经济发展概况

五粮液集团位于四川省宜宾市岷江西路，是以五粮液及其系列酒的生产、销售为主，同时生产经营精密塑胶制品、大中小型模具、制药、印刷、物流运输、保健酒、电子产品及相关服务的跨行业多元发展的现代化大型企业集团。五粮液集团发展循环经济主要侧重于清洁生产，即通过不断改进工艺与设备，使用清洁能源和原料，注重源头的减量化投入，从而减少生产过程中的污染排放，以提高资源利用效率。作为国家首批通过验收的循环经济示范试点单位，五粮液集团常年以循环经济 3R 原则为核心，以"三废是放错位置的资源""污染治理要讲求经济效益"等为理念，大力发展清洁生产，逐步形成了以白酒产品为主导的资源深度链式开发的循环经济发展模式。到 2010 年，五粮液集团已形成了年处理丢糟 50 万吨、年产复糟酒 1.5 万吨、年产蒸汽 90 万吨、年产白炭黑 0.5

万吨的酒糟资源化利用能力;形成了年处理高浓度底锅水 6 万吨、年产乳酸 0.18 万吨的底锅水资源化能力;形成了日处理有机废水 1.59 万吨的能力,多年来,三废排放达标。2006~2012 年,集团无环境事故、安全事故及质量事故发生。2012 年,集团实现销售收入 600.8 亿元,利税达 209 亿元,五粮液品牌价值达 659.19 亿元,一直占领着行业领先地位[①]。

1. 原辅料消耗指标完成情况

2006~2010 年,五粮液集团吨酒耗曲及吨酒耗糠等指标除 2006 年外,其余年份均完成预定目标;而吨酒耗粮指标除 2009 年完成年度目标外,其他年份均未完成。这说明在原辅料消耗方面,五粮液集团还应进一步加大清洁生产力度,减少原材料投入,提高资源利用率。

2. 能源消耗指标完成情况

2006~2010 年,五粮液集团吨酒电耗及吨酒水耗指标均完成目标要求;吨酒耗标煤指标除 2006 年、2009 年完成目标要求,其他年份与目标值有一定差距。

3. 废弃物排放及资源综合利用指标完成情况

2006~2010 年,五粮液集团废弃物排放及资源综合利用指标均完成目标要求,其中,丢糟综合利用率、煤渣综合利用率(除 2006 年外)、沼气综合利用率达 100%。

4. 节能减排指标完成情况

2006~2010 年,五粮液集团累计完成节能量达到 7.0376 万吨标煤,完成四川省政府下达目标的 105.03%,超额完成四川省政府下达的节能目标。2010 年,五粮液集团 COD 排放总量为 908 吨,低于宜宾市委市政府下达的 COD 排放总量 960 吨的目标;SO_2 排放总量为 2169 吨,低于宜宾市委市政府下达的 SO_2 排放总量 2500 吨的目标。五年期间,五粮液集团每年均完成市委市政府下达的环保目标考核任务。

5. 清洁生产改进情况

五粮液集团持续完善公司水、电计量网络系统和循环水利用系统及原辅料、能源消耗的定额管理。在节约标煤方面,充分提高现有废弃酒糟烘干炉的烘干效率、环保锅炉热效率,最大限度地发挥环保锅炉供热能力;在节电方面,应用变频技术、节能照明技术及分段控制照明等节能技术,对集团用电设施进行改造,以降低用电设施电耗;在节水方面,提高冷却水循环利用水平,废水处理后循环利用及包装洗瓶水循环利用,降低生产水耗,确保企业产品的原辅料消耗及能源消耗有所降低。

综上可见,五粮液集团较为严格地遵循了 3R 原则,将清洁生产理念与技术全面引入企业发展方式的调整与产品生产中。从现状描述上看,五粮液集团开展的循环经济工作显现出一定成效,但如何更加全面、系统和客观地评价企业的循环经济发展水平,则

---

① 四川省宜宾五粮液集团有限公司. 四川省宜宾五粮液集团有限公司国家循环经济试点单位验收报告[Z]. 2013.

需要引入相关案例来对本书所构建的定量评估方法进行应用，以期为企业循环经济实施成果的定量评估提供方法论证上的参考。以下，本书将以五粮液集团为例，对企业循环经济发展水平进行建模与分析。

5.1.2 五粮液集团循环经济发展水平评估的建模与分析

本章将根据第4章所确立的AHP-TOPSIS综合评估模型对企业循环经济发展水平进行评估。首先，基于已构建的企业循环经济发展评价指标体系，在兼顾数据可获性和可操作性的基础上，建立由4个子系统、13个指标组成的五粮液集团循环经济发展评价指标体系层次结构图。其次，基于问卷调查结果，运用yaahp软件构建判断矩阵，并进行单层次排序和总层次排序，确立一级权重、二级权重和总权重。再次，对原始数据进行标准化。最后，对指标体系进行TOPSIS综合评价，并根据评价指标的相对贴合度进行排序。

1. 确定五粮液集团循环经济评估的指标权重

1）建立五粮液集团循环经济发展评价指标体系

根据层次分析法基本原理，基于本书所构建的企业循环经济发展评价指标体系，并在结合酒类企业发展特点和兼顾数据可获性的情况下，建立五粮液集团循环经济发展评价指标体系层次结构图，如图5-1所示。

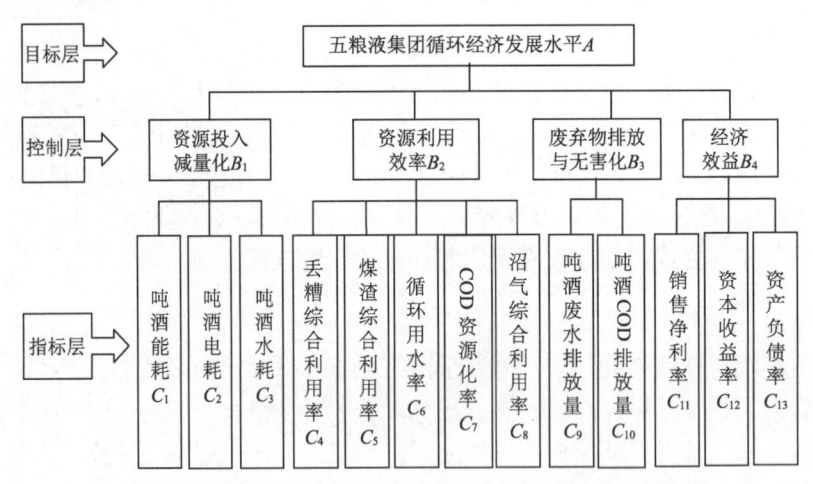

图5-1 五粮液集团循环经济发展评价指标体系层次结构图

五粮液集团循环经济发展水平是指标体系目标层的代表，反映五粮液集团循环经济发展的现状水平。

控制层由资源投入减量化、资源利用效率、废弃物排放与无害化和经济效益四个子系统构成。资源投入减量化子系统考察企业在生产过程中主要物质能源的消耗强度；资源利用效率子系统考察企业对丢糟、煤渣、水资源、COD资源和沼气等能源残渣的综合利用效率；废弃物排放与无害化子系统考察企业对主要污染物的末端治理情况；经济效益子系统考察企业的经济产出水平，以评估经济与环境耦合发展的成效。同时，因为社会效益类指标在这一案例分析中缺乏必要的数据支撑，故舍去这一子系统部分，但实际上将企业的社会贡献程度等问题纳入评价是必要且重要的，这将在以后的进一步研究中完善。

在数据可获得情况下对指标体系进行调整，最终确定了 13 个具体指标构成指标层。其中，根据五粮液集团生产所使用的特定能源资源，将体系中部分指标名称具体化，如单位产品以"吨酒"为代表，固废以丢糟、煤渣为代表，废气以沼气为代表，废水综合利用率以 COD 资源化率为代表；而对于问卷调查中所涉及的经济效益指标——销售收入和利税，由于后期获得了更直观的经济指标数据，故在进一步征求专家意见的情况下，将其调整为销售净利率、资本收益率和资产负债率三个指标，具体如表 5-1 所示。

表 5-1　五粮液集团循环经济发展评价指标体系构建

目标层	控制层	指标层 名称	指标层 编号	指标层 类型
五粮液集团循环经济发展水平	资源投入减量化 B_1	吨酒能耗	C_1	逆向指标
		吨酒电耗	C_2	逆向指标
		吨酒水耗	C_3	逆向指标
	资源利用效率 B_2	丢糟综合利用率	C_4	正向指标
		煤渣综合利用率	C_5	正向指标
		循环用水率	C_6	正向指标
		COD 资源化率	C_7	正向指标
		沼气综合利用率	C_8	正向指标
	废弃物排放与无害化 B_3	吨酒废水排放量	C_9	逆向指标
		吨酒 COD 排放量	C_{10}	逆向指标
	经济效益 B_4	销售净利率	C_{11}	正向指标
		资本收益率	C_{12}	正向指标
		资产负债率	C_{13}	逆向指标

2）整理企业循环经济指标赋权的问卷结果

本书针对以上指标体系设计了"对'区域、生态工业园区和企业循环经济发展评价体系'进行权重赋值的调查问卷"，并向循环经济和人资环相关领域的 28 位专家学者进行了咨询。各位专家采用 1～9 标度法对指标权重进行打分，调查共回收 28 份问卷，问卷回收率为 100%，问卷有效率为 100%。

在调查完成后，首先需要对多份问卷的调查结果进行汇总。这里有两种方法可供选择。一种是对每一份问卷的专家打分结果均进行层次分析处理，然后将所有权重计算结果进行汇总，即层次分析法中的群决策处理。这一方法可运用 yaahp 软件进行。常用的 yaahp 软件通常只能处理 5 位专家以内的群决策问题，如果专家人数超过 5 人，就需要用 Excel 进行计算，而且这种计算方式存在数据处理量大、处理过程烦琐且容易出错等问题，故不适合专家人数超过 5 人的问卷处理。另一种是先对所有问卷中同一指标的权重进行平均，计算出综合权重，再将数据输入 yaahp 软件进行层次分析处理。而通常对样本量进行平均的方法主要有算数平均法和几何平均法两种，其中，几何平均法在计算时受极端值影响较小，计算后的指标值更接近真实情况。综上所述，在考虑方法的可操作性和结果的相对准确性原则下，本书拟采用第二种方法中的几何平均法，即先对所有问卷数据进行几何平均以初步整理问卷结果，再构建判断矩阵；平均后的指标分值可用小数表示，以提高其准确性。

3）构建企业循环经济评估模型的判断矩阵

将初步处理后的指标评分值输入 yaahp 软件，计算得到各个层次下的判断矩阵及单排序权重，如表 5-2～表 5-6 所示。

（1）判断矩阵 A-B。如表 5-2 所示，判断矩阵 A-B 是指相对于目标层 A（企业循环经济发展水平），控制层 4 个子系统——资源投入减量化子系统 B_1、资源利用效率子系统 B_2、废弃物排放与无害化子系统 B_3 和经济效益子系统 B_4 之间的相对重要程度与权重。

表 5-2 判断矩阵 A-B

A	B_1	B_2	B_3	B_4	一级权重
B_1	1	0.7948	1.1558	1.3541	0.2567
B_2	1.2582	1	1.7193	1.5541	0.3312
B_3	0.8652	0.5816	1	1.5014	0.2284
B_4	0.7385	0.6435	0.6660	1	0.1836

注：λ_{max}=4.0223, CI=0.0084, RI=0.90, CR=0.0093<0.1。

（2）判断矩阵 B_1-C。如表 5-3 所示，判断矩阵 B_1-C 是指相对于控制层中的资源投入减量化子系统 B_1，指标层 3 个指标——吨酒能耗 C_1、吨酒电耗 C_2 和吨酒水耗 C_3 之间的相对重要程度与权重。

表 5-3 判断矩阵 B_1-C

B_1	C_1	C_2	C_3	二级权重
C_1	1	1.2519	0.9898	0.3574
C_2	0.7988	1	0.9985	0.3086
C_3	1.0103	1.0015	1	0.3340

注：λ_{max}=3.0061, CI=0.0058, RI=0.90, CR=0.0064<0.1。

（3）判断矩阵 B_2-C。如表 5-4 所示，判断矩阵 B_2-C 是指相对于控制层中的资源利用效率子系统 B_2，指标层 5 个指标——丢糟综合利用率 C_4、煤渣综合利用率 C_5、循环用水率 C_6、COD 资源化率 C_7 和沼气综合利用率 C_8 之间的相对重要程度与权重。

表 5-4　判断矩阵 B_2-C

B_2	C_4	C_5	C_6	C_7	C_8	二级权重
C_4	1	0.8006	0.6669	0.6192	0.7289	0.1479
C_5	1.2491	1	0.6836	0.8672	1.2208	0.1917
C_6	1.4995	1.4628	1	1.4710	1.5572	0.2710
C_7	1.6150	1.1531	0.6798	1	1.1176	0.2100
C_8	1.3719	0.8191	0.6422	0.8948	1	0.1794

注：λ_{max}=5.0231, CI=0.0051, RI=1.12, CR=0.0046<0.1。

（4）判断矩阵 B_3-C。如表 5-5 所示，判断矩阵 B_3-C 是指相对于控制层中的废弃物排放与无害化子系统 B_3，指标层 2 个指标——吨酒废水排放量 C_9 和吨酒 COD 排放量 C_{10} 之间的相对重要程度与权重。

表 5-5　判断矩阵 B_3-C

B_3	C_9	C_{10}	二级权重
C_9	1	0.9898	0.4974
C_{10}	1.0103	1	0.5026

注：λ_{max}=2.0000, CI=0.0000, RI=0.00, CR=0<0.1。

（5）判断矩阵 B_4-C。如表 5-6 所示，判断矩阵 B_4-C 是指相对于控制层中的经济效益子系统 B_4，指标层 3 个指标——销售净利率 C_{11}、资本收益率 C_{12} 和资产负债率 C_{13} 之间的相对重要程度与权重。这一子系统中的具体指标在问卷调查基础上有所修改，修改后的指标权重经过专家咨询，均标度为 1。

表 5-6　判断矩阵 B_4-C

B_4	C_{11}	C_{12}	C_{13}	二级权重
C_{11}	1	1	1	0.3333
C_{12}	1	1	1	0.3333
C_{13}	1	1	1	0.3333

注：λ_{max}=3.0000, CI=.00000, RI=0.00, CR=0<0.1。

如表 5-2～表 5-6 所示，以上构造的所有判断矩阵 CR 值都小于 0.1，判断矩阵通过了一致性检验，说明决策者对指标权重的判断决策具有一致性，模型计算结果满意。

对指标体系进行层次总排序。利用指标层所有的层次单排序结果（二级权重），计算针对总目标层而言所有指标的重要性。指标层对总目标层的总权重等于一级权重与二级权重的乘积，如表 5-7 所示。

表 5-7　五粮液集团循环经济发展评价指标体系权重计算结果表

控制层	一级权重	指标层	二级权重	总权重
资源投入减量化 B_1	0.2567	吨酒能耗 C_1	0.3574	0.0917
		吨酒电耗 C_2	0.3086	0.0792
		吨酒水耗 C_3	0.3340	0.0857
资源利用效率 B_2	0.3312	丢糟综合利用率 C_4	0.1479	0.0490
		煤渣综合利用率 C_5	0.1917	0.0635
		循环用水率 C_6	0.2710	0.0898
		COD 资源化率 C_7	0.2100	0.0696
		沼气综合利用率 C_8	0.1794	0.0594
废弃物排放与无害化 B_3	0.2284	吨酒废水排放量 C_9	0.4974	0.1136
		吨酒 COD 排放量 C_{10}	0.5026	0.1148
经济效益 B_4	0.1836	销售净利率 C_{11}	0.3333	0.0612
		资本收益率 C_{12}	0.3333	0.0612
		资产负债率 C_{13}	0.3333	0.0612

表 5-7 是五粮液集团循环经济发展评价指标体系权重的计算结果。从表 5-7 中可以看出，资源利用效率的提高对五粮液集团循环经济发展的促进作用最大，而经济效益的重要程度则相对较低，这说明循环经济企业的发展不再以经济进步作为最重要甚至是唯一的目标，而是要在兼顾生产方式清洁化和环保化的基础上发展。进一步地，在企业三大资源类子系统下，每个子系统总权重最高的分别为吨酒能耗、循环用水率和吨酒 COD 排放量，除此之外，吨酒废水排放量的总权重也与吨酒 COD 排放量的总权重不相上下，说明以五粮液集团为代表的酒类企业作为水资源利用大户，其综合利用效率和废水处理水平的提高是促使企业循环经济发展的关键因素。

2. 五粮液集团原始数据标准化

首先，根据表 5-1 所构建的五粮液集团循环经济发展评价指标体系，对表中涉及的 $C_1 \sim C_{13}$ 这 13 个具体指标 2006~2010 年的原始数据进行收集。

然后，采用向量规范化法（详见 4.2.2 小节）对原始数据进行归一化处理，标准化后的指标值用 C_i' 表示，见表 5-8。

表 5-8　2006~2010 年五粮液集团循环经济发展评价指标标准化值

年份	C_1'	C_2'	C_3'	C_4'	C_5'	C_6'	C_7'
2006	0.4121	0.3895	0.3010	0.4472	0.3511	0.3575	0.3589
2007	0.4187	0.3658	0.3124	0.4472	0.4682	0.4075	0.3988
2008	0.4399	0.3887	0.4798	0.4472	0.4682	0.4519	0.4816
2009	0.4847	0.5204	0.5302	0.4472	0.4682	0.4908	0.4870

续表

年份	C_1'	C_2'	C_3'	C_4'	C_5'	C_6'	C_7'
2010	0.4758	0.5409	0.5481	0.4472	0.4682	0.5109	0.4930

年份	C_8'	C_9'	C_{10}'	C_{11}'	C_{12}'	C_{13}'
2006	0.4472	0.3009	0.2966	0.2895	0.3344	0.3544
2007	0.4472	0.3122	0.3129	0.3657	0.3622	0.3021
2008	0.4472	0.4797	0.4815	0.4196	0.3754	0.2717
2009	0.4472	0.5303	0.5297	0.5668	0.5364	0.5404
2010	0.4472	0.5482	0.5493	0.5340	0.5730	0.6460

3. 五粮液集团循环经济发展的 TOPSIS 综合评价

根据 TOPSIS 综合评估的具体步骤（详见 4.3.3 小节），依次计算正负理想解、欧氏距离和相对贴近度。其中，相对贴近度即 2006～2010 年五粮液集团循环经济发展综合评分值，如表 5-9 所示。

表 5-9　2006～2010 年五粮液集团循环经济发展综合评分值

年份	综合评分值	评分值排序
2006	0.0845	5
2007	0.1657	4
2008	0.5283	3
2009	0.8715	2
2010	0.9652	1

4. 对评价结果进行排序与分析

根据 TOPSIS 分析法的判断标准，综合评分值越接近 1，说明在现有条件下，五粮液集团第 i 年循环经济发展水平比其余年份更高。如表 5-9 所示，2006～2010 年五粮液集团的循环经济发展水平不断提高。但如前文所说，TOPSIS 分析法等常用的多指标评价法所计算的评价结果仅具有序数效应，而不具有基数效应，故无法量化各评分值之间的差异，只能通过排序来比较各评价对象间的相对优劣程度。基于这一认识，表 5-9 中各综合评分值之间的差异或变化幅度也仅具有相对意义。例如，五粮液集团循环经济发展水平的 TOPSIS 综合评分值从 2006 年的 0.0845 上升到 2010 年的 0.9652，并不能说明集团循环经济发展水平增长了 10.4 倍，而只能得到五粮液集团循环经济建设有较大成效的结论；同样地，2007～2009 年综合评分值的变化说明五粮液集团循环经济在这三年中有较大成长。而我国第一部循环经济立法——《中华人民共和国循环经济促进法》的颁布也是在 2008 年，可见，国家循环经济相关政策的出台为企业发展创造了良好的平台，而这也与五粮液集团作为我国循环经济示范试点单位达到国家试点要求并顺利通过验收的实际状况一致。综上，企业在推进循环经济发展时，要多争取相关政策的支持，评价指标也要尽可能体现其政策相关性，以加强这一战略实施与政策制定间的紧密连接，为提高企业循环经济发展水平提供方法论证上的支撑。

表 5-10 是 2006~2010 年五粮液集团循环经济发展子系统评分值，图 5-2 是基于表 5-10 的 2006~2010 年五粮液集团循环经济发展子系统评分变化图。如表 5-10 和图 5-2 所示，除了资源投入减量化子系统，其余三大子系统的 TOPSIS 评分值均逐年提高，说明循环经济发展在这三个方面取得了一定成果；而资源投入减量化子系统评分值在 2007 年有所下降，之后才逐年上升，这主要是由于当年五粮液集团吨酒电耗有所提高，影响其减量化水平的发展。同时，资源利用效率及废弃物排放与无害化子系统在 2006~2008 年的发展相对较快，说明五粮液集团对物质能源的再利用和再循环水平较高，而这在很大程度上与丢糟、煤渣、沼气和 COD 的综合利用率有关。根据原始数据，2006~2010 年五粮液集团对固废和废气的综合利用程度几乎都达到了 100%，从而使其相应子系统的评分值达到 1。与对五粮液集团综合评分值的分析思路一致，这里的 1 也只具有相对意义，即在现有条件下，2010 年五粮液集团对能源废弃物的综合利用率达到 100%；然而，随着经济发展、技术进步与政策推动，每一个子系统的发展仍具有不断上升的空间。同时，五粮液集团在经济效益子系统上的 TOPSIS 评分值相对最低，这也印证了本书在第 3 章中对企业循环经济发展的成本效益分析——循环经济发展才刚刚起步，对循环型企业的引导和推进工作更是处于初期阶段，故短期内的企业发展会因为引进清洁生产技术或相关设备而导致成本增加，使利润增长速度放缓，但此类企业在规模扩张中后期的张力与持久力会逐渐显现出来，经济收益会持续增加，并尽可能降低企业长期发展中规模报酬递减所带来的负面影响。

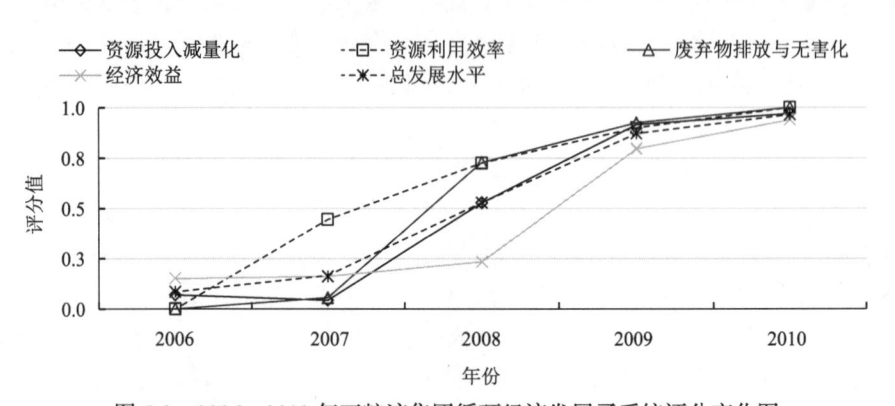

表 5-10　2006~2010 年五粮液集团循环经济发展子系统评分值

年份	资源投入减量化		资源利用效率		废弃物排放与无害化		经济效益	
	评分值	排序	评分值	排序	评分值	排序	评分值	排序
2006	0.0693	4	0.0000	5	0.0000	5	0.1502	5
2007	0.0435	5	0.4451	4	0.0561	4	0.1613	4
2008	0.5274	3	0.7250	3	0.7275	3	0.2334	3
2009	0.9151	2	0.9000	2	0.9248	2	0.7958	2
2010	0.9698	1	1.0000	1	1.0000	1	0.9393	1

图 5-2　2006~2010 年五粮液集团循环经济发展子系统评分变化图

5.1.3 小结

综上可见，这一案例分析展示了2006~2010年五粮液集团的循环经济发展现状，其研究发现可归纳为以下几点。

（1）从权重来看，资源利用效率子系统对五粮液集团循环经济发展的促进作用最大。吨酒能耗、循环用水率和吨酒COD排放量等水资源利用指标的总权重较大，说明以五粮液集团为代表的酒类企业应着重提高水资源的综合利用效率，推而广之，各行业企业在实施循环经济时应找准其所依靠的关键性资源或能源，尽可能推进这一资源或能源的综合发展。

（2）根据五粮液集团经济发展评价指标体系的最终评估结果，发现国家政策支持对企业循环经济发展的推进作用尤为明显，可见循环型企业应多争取相关政策支持，在构建指标体系时也要相应纳入政策相关度高的指标。

（3）在五粮液集团的循环经济发展过程中，其经济效益子系统的权重与总得分均相对较低，这验证了本书对企业循环经济的成本收益问题分析，即循环型企业在前期发展中可能面临利润较低的问题，但此类企业在规模扩张中后期的张力与持久力会逐渐显现出来，经济收益会持续增加，发展循环经济的优势与好处逐渐显现。

除此之外，本节对企业循环经济发展评价指标体系以及AHP-TOPSIS综合评估模型的应用说明了本书针对企业循环经济发展所构建的定量评估方法是有效的，这为企业主体的循环经济发展评估提供了一定的方法参考。

5.2 生态工业园区发展的定量评估方法应用
——以青白江工业集中区为例

在对生态工业园区发展进行评估的部分，本书选取了作为国家首批循环经济示范单位、四川省首批工业循环经济示范园区和国家第二批综合型产业园区循环经济试点单位——四川成都市青白江工业集中发展区（以下简称青白江工业集中区）作为案例分析对象展开评估。

5.2.1 青白江工业集中区循环经济发展概况

青白江工业集中区成立于2005年，位于成（都）德（阳）绵（阳）经济产业带的连接地段，于2013年4月成立青白江工业区管理委员会（北新经济技术开发区）。园区由建成区（老区）、工业北区、工业南区和商用汽车园区等四部分组成，现有规划用地面积22.6平方公里，规划总面积36.35平方公里。至2012年底，青白江工业集中区累计入驻签约工业企业226家，其中规模以上企业105家。2012年，青白江工业集中区实现工业增加值 112.25 亿元，同比增长 13.8%，实现主营业务总收入 362.6 亿元，同比增长 4.4%；全口径入库税金 11.7 亿元，同比增长 11.1%；工业集中度达 82.3%[①]。

1. 工业产业链建立情况

2008～2012 年，青白江工业集中区在园区主要企业间构建起物质能源阶梯循环利用链。一是新引进了成都中联水泥有限公司、成都瀚江新型建筑材料有限公司、成都富晶华鼎肥业有限公司等多个项目，园区企业循环关联度加大，园区循环链条得以完善。二是攀钢集团成都钢钒有限公司、川化股份有限公司、成都玉龙化工有限公司、巨石集团成都有限公司等重点企业逐步完善其内部循环。三是园区分别建立了冶金区、化工区和建材区的物质循环产业链（许文来等，2007），基本将园区内所有企业按照不同行业进行统筹管理，实现了企业间产业共生网络的建立。通过最大化利用园区内各种物质资源，园区环境承载力有所提高，经济效益也有所增加，如图 5-3 所示。

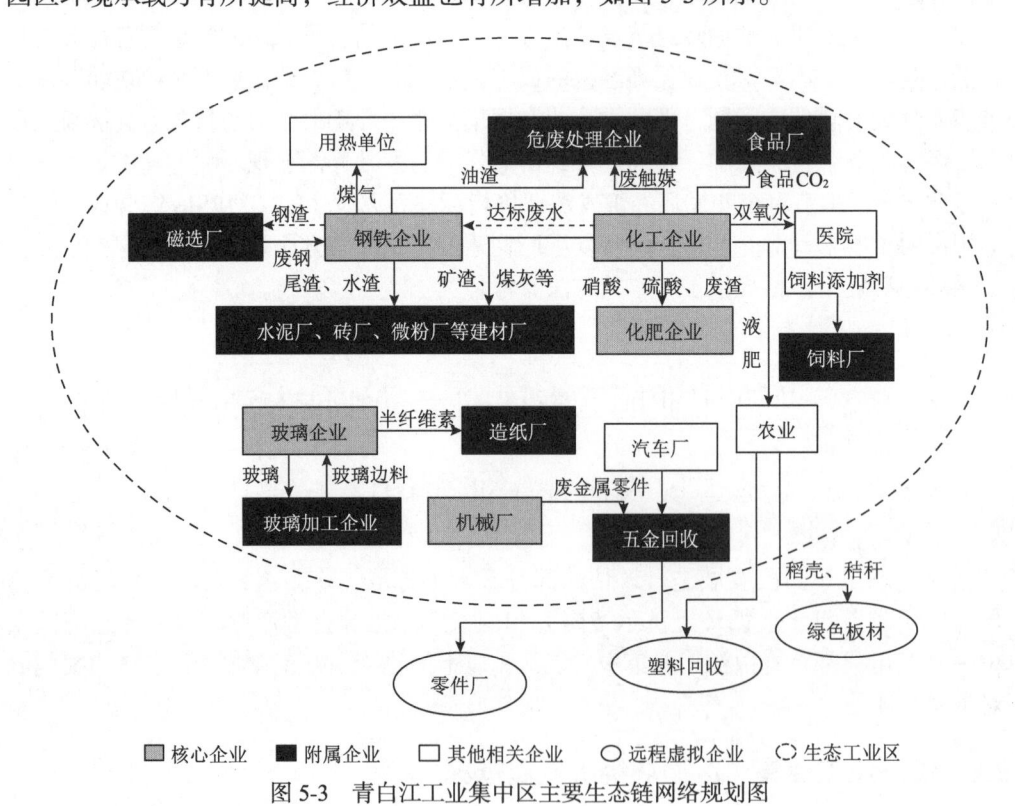

图 5-3 青白江工业集中区主要生态链网络规划图

2. 节能减排情况

青白江工业集中区采用有效措施，在试点期间（2008～2012 年）完成了国家规定的节能目标和主要污染物总量控制目标任务。2012 年，园区单位 GDP 能耗为 2.62 吨

---

① 四川成都市青白江工业集中发展区. 四川成都市青白江工业集中发展区国家循环经济示范试点单位验收报告[Z]. 2013.

标煤/万元，较 2011 年下降 8.04%，较 2007 年下降 32.42%；单位工业增加值能耗为 3.233 吨标煤/万元，较 2011 年下降 11.53%，较 2007 年下降 41.04%；已完成削减化学需氧量 146.02 吨、氨氮 12.87 吨、二氧化硫 39.7 吨、氮氧化物 557.86 吨[①]。

3. 相关政策制定情况

青白江工业集中区从 2007 年以来制定了《成都市青白江工业集中发展区循环经济试点实施方案》《关于生态工业园区建设规划的实施意见》《成都市青白江区"十二五"发展循环经济工作实施方案》等 17 个专项规划和政策[①]。循环经济试点工作管理制度逐步健全，干部考核目标和园区循环经济管理体系建设也不断完善；同时，园区积极引导企业把循环经济理念融入"企业文化"和企业管理系统激励机制中。

4. 重点企业推进情况

青白江工业集中区组织企业积极申报省、市循环经济试点企业，先后获批 4 家，并以省、市两级循环经济试点单位为核心带动园区内相关企业全面开展清洁生产、节能减排等工作。在废水治理方面，园区内企业改进工艺，增加了先进的水处理设施，实施工业废水综合利用工程，到 2012 年工业用水重复利用率已达 94.12%；在废气治理方面，园区鼓励企业将生产工艺与废气治理结合，选用先进的工艺和设备，减少粉尘排放量，2007~2012 年经环境保护部认定削减二氧化硫排放量 4601.1 吨，环境空气质量明显好转；在固废治理方面，重点针对冶金企业和建材企业产生的废渣，鼓励和引导相关下游产业进行充分再利用，2012 年实现了工业固体废物综合利用率达 99.9%。

综上可见，青白江工业集中区在发展循环经济的过程中，确立了园区发展所依赖的核心企业，并围绕这些企业建立了上下游的物质资料连接以及企业间的循环产业链条，从而形成了较为完善的生态链网络，园区的循环经济建设基本成熟。鉴于此，本书拟选取青白江工业集中区作为分析案例对研究构建的生态工业园区相关定量评估方法进行应用。

5.2.2 青白江工业集中区循环经济发展水平评估的建模与分析

本书在以青白江工业集中区为案例的园区循环经济评估中，由于实证对象指标数据较为匮乏，运用 TOPSIS 分析法对指标体系进行综合评分的意义不大（详见 4.2.3 小节），故此处的评估思路是在运用层次分析法对指标赋权的基础上，直接采用加权求和的方式计算青白江工业集中区循环经济发展评价指标体系的综合得分，以此作为结论分析的依据。

1. 确定青白江工业集中区循环经济发展的指标权重

（1）建立青白江工业集中区循环经济发展评价指标体系。

基于本书构建的生态工业园区发展评价指标体系，在考虑数据可获性的基础上，最终确立了由 5 个子系统、11 个指标构成的青白江工业集中区循环经济发展评价指标体系层次结构图。为了与企业部分的层次结构图区分开来，生态工业园区指标体系的目标层

---

① 四川成都市青白江工业集中发展区. 四川成都市青白江工业集中发展区国家循环经济示范试点单位验收报告[Z]. 2013.

用 D 表示，控制层用 E_i ($i=1,2,\cdots,5$) 表示，指标层用 F_i($i=1,2,\cdots,11$)表示，如图 5-4 所示。

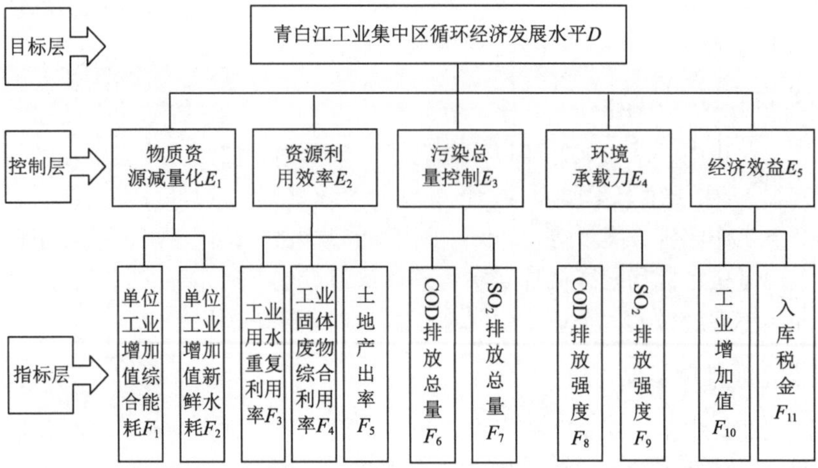

图 5-4 青白江工业集中区循环经济发展评价指标体系层次结构图

首先，目标层以青白江工业集中区循环经济发展水平为代表。

其次，控制层由物质资源减量化、资源利用效率、污染总量控制、环境承载力和经济效益五个子系统组成。物质资源减量化子系统考察园区生产所需主要物质资源的消耗情况，资源利用效率子系统考察园区在生产过程中和输出端对水资源、固废和土地的综合利用情况，污染总量控制子系统考察园区内主要污染物的总量排放情况，环境承载力子系统考察园区新创造的单位经济价值的环境负荷大小，经济效益子系统考察循环经济战略下的园区经济发展水平。另外，园区管理子系统相关指标数据在实证分析中较缺乏，故暂不纳入评价指标体系，可在今后的深入研究中进行考量。

最后，根据数据可获性，本书最终选择 11 个具体指标构成青白江工业集中区评价体系的指标层。其中，经济效益类指标相对匮乏，除工业增加值以外，将入库税金纳入子系统以充实评价内容，如表 5-11 所示。

表 5-11 青白江工业集中区循环经济发展评价指标体系构建

目标层	控制层	指标层		
		名称	编号	类型
青白江工业集中区循环经济发展水平	物质资源减量化 E_1	单位工业增加值综合能耗	F_1	逆向指标
		单位工业增加值新鲜水耗	F_2	逆向指标
	资源利用效率 E_2	工业用水重复利用率	F_3	正向指标
		工业固体废物综合利用率	F_4	正向指标
		土地产出率	F_5	正向指标
	污染总量控制 E_3	COD 排放总量	F_6	逆向指标
		SO$_2$ 排放总量	F_7	逆向指标

续表

目标层	控制层	指标层 名称	指标层 编号	指标层 类型
青白江工业集中区循环经济发展水平	环境承载力 E_4	COD 排放强度	F_8	逆向指标
		SO_2 排放强度	F_9	逆向指标
	经济效益 E_5	工业增加值	F_{10}	正向指标
		入库税金	F_{11}	正向指标

（2）整理园区循环经济指标赋权的问卷结果。

对工业园区部分的问卷调查结果进行几何平均，得到青白江工业集中区循环经济发展评价指标体系的初步分值。

（3）构建园区循环经济评估模型的判断矩阵。

运用 yaahp 软件绘制青白江工业集中区的循环经济发展层次结构图并建立判断矩阵，如表 5-12 所示。

表 5-12　青白江工业集中区循环经济发展层次判断矩阵表判断结果

层次	判断矩阵	特征向量	λ_{max}
$D - E_i$ $(i=1,2,\cdots,5)$	$\begin{bmatrix} D & E_1 & E_2 & E_3 & E_4 & E_5 \\ E_1 & 1 & 0.8961 & 1.7176 & 0.8492 & 1.5962 \\ E_2 & 1.1159 & 1 & 1.6046 & 0.8262 & 1.6400 \\ E_3 & 0.5822 & 0.6232 & 1 & 0.6532 & 1.0746 \\ E_4 & 1.1776 & 1.2104 & 1.5309 & 1 & 1.6709 \\ E_5 & 0.6265 & 0.6098 & 0.9306 & 0.5985 & 1 \end{bmatrix}$	$\begin{bmatrix} 0.2253 \\ 0.2321 \\ 0.1480 \\ 0.2521 \\ 0.1425 \end{bmatrix}$	5.0104
$E_1 - F_i$ $(i=1,2)$	$\begin{bmatrix} E_1 & F_1 & F_2 \\ F_1 & 1 & 1.5448 \\ F_2 & 0.6473 & 1 \end{bmatrix}$	$\begin{bmatrix} 0.6070 \\ 0.3930 \end{bmatrix}$	2.0000
$E_2 - F_i$ $(i=3,4,5)$	$\begin{bmatrix} E_2 & F_3 & F_4 & F_5 \\ F_3 & 1 & 1.1365 & 1.4208 \\ F_4 & 0.8799 & 1 & 1.1397 \\ F_5 & 0.7038 & 0.8774 & 1 \end{bmatrix}$	$\begin{bmatrix} 0.3877 \\ 0.3308 \\ 0.2814 \end{bmatrix}$	3.0010
$E_3 - F_i$ $(i=6,7)$	$\begin{bmatrix} E_3 & F_6 & F_7 \\ F_6 & 1 & 0.9201 \\ F_7 & 1.0868 & 1 \end{bmatrix}$	$\begin{bmatrix} 0.4792 \\ 0.5208 \end{bmatrix}$	2.0000
$E_4 - F_i$ $(i=8,9)$	$\begin{bmatrix} E_4 & F_8 & F_9 \\ F_8 & 1 & 0.7876 \\ F_9 & 1.2697 & 1 \end{bmatrix}$	$\begin{bmatrix} 0.4406 \\ 0.5594 \end{bmatrix}$	2.0000
$E_5 - F_i$ $(i=10,11)$	$\begin{bmatrix} E_5 & F_{10} & F_{11} \\ F_{10} & 1 & 1.3524 \\ F_{11} & 0.7394 & 1 \end{bmatrix}$	$\begin{bmatrix} 0.5749 \\ 0.4251 \end{bmatrix}$	2.0000

表5-12是青白江工业集中区循环经济发展层次判断矩阵构建下的判断结果。从表5-12中可以得出,以上构造的所有判断矩阵,其CR值都小于0.1,判断矩阵通过了一致性检验,说明决策者对指标权重的判断决策具有一致性,模型计算结果满意。接着,求出指标体系总权重,如表5-13所示。

表5-13 青白江工业集中区循环经济发展评价指标体系权重计算结果表

控制层	一级权重	指标层	二级权重	总权重
物质资源减量化 E_1	0.2253	单位工业增加值综合能耗 F_1	0.6070	0.1368
		单位工业增加值新鲜水耗 F_2	0.3930	0.0885
资源利用效率 E_2	0.2321	工业用水重复利用率 F_3	0.3877	0.0900
		工业固体废物综合利用率 F_4	0.3308	0.0768
		土地产出率 F_5	0.2815	0.0653
污染总量控制 E_3	0.1480	COD排放总量 F_6	0.4792	0.0709
		SO_2排放总量 F_7	0.5208	0.0771
环境承载力 E_4	0.2521	COD排放强度 F_8	0.4406	0.1111
		SO_2排放强度 F_9	0.5594	0.1410
经济效益 E_5	0.1425	工业增加值 F_{10}	0.5749	0.0819
		入库税金 F_{11}	0.4251	0.0606

表5-13是青白江工业集中区循环经济发展评价指标体系权重的计算结果,从青白江工业集中区循环经济发展评价指标体系的权重得分来看,代表循环经济3R特征的物质资源减量化、资源利用效率和环境承载力子系统对青白江工业集中区发展的重要程度大致相当,且三者权重之和达到了0.7095;而经济效益子系统的权重最小,仅为0.1425。可见,在由企业为基本单位的园区建设中,其经济效益的发展特点和趋势与企业小循环体系类似,是在循环型企业发展基础上对物质资源、基础设施资源与环境资源的整合。

2. 青白江工业集中区原始数据标准化

根据表5-11所构建的青白江工业集中区循环经济发展评价指标体系,本书将对表中涉及的$F_1 \sim F_{11}$这11个具体指标2010年和2012年的原始数据进行收集。

青白江工业集中区循环经济指标的样本量较少,仅有两年的数据。按照上文所述,使用均值法(详见4.2.2小节)对数据进行标准化处理,标准化后的指标值用F_i'表示,如表5-14所示。

表 5-14 2010 年、2012 年青白江工业集中区循环经济发展评价指标标准化值

指标编号	2010 年	2012 年
F'_1	0.8910	1.1090
F'_2	0.7510	1.2490
F'_3	1.0050	0.9950
F'_4	1.0050	0.9950
F'_5	0.8610	1.1390
F'_6	1.1800	0.8200
F'_7	1.1480	0.8520
F'_8	0.8700	1.1300
F'_9	0.9140	1.0860
F'_{10}	0.8710	1.1290
F'_{11}	0.8950	1.1050

3. 对评价结果进行综合计算与分析

由于数据匮乏，本书将根据以上所得指标体系总权重和标准化数据，用加权求和的方式直接计算 2010 年、2012 年青白江工业集中区循环经济发展综合评分值和子系统评分值，计算结果如表 5-15、表 5-16 和图 5-5 所示。

表 5-15 2010 年、2012 年青白江工业集中区循环经济发展综合评分值

指标名称	2010 年	2012 年
单位工业增加值综合能耗	0.1219	0.1517
单位工业增加值新鲜水耗	0.0664	0.1106
工业用水重复利用率	0.0837	0.0581
工业固体废物综合利用率	0.0885	0.0657
土地产出率	0.0905	0.0895
COD 排放总量	0.0772	0.0764
SO_2 排放总量	0.0563	0.0743
COD 排放强度	0.0966	0.1256
SO_2 排放强度	0.1289	0.1531
工业增加值	0.0714	0.0924
入库税金	0.0542	0.0670
综合评分值	0.9356	1.0644

表 5-16 2010 年、2012 年青白江工业集中区循环经济发展子系统评分值

子系统	2010 年 评分值	排序	2012 年 评分值	排序
物质资源减量化	0.8360	5	1.1640	1
资源利用效率	0.9647	2	1.0353	4
污染总量控制	1.1630	1	0.8370	5
环境承载力	0.8946	3	1.1054	3
经济效益	0.8815	4	1.1185	2

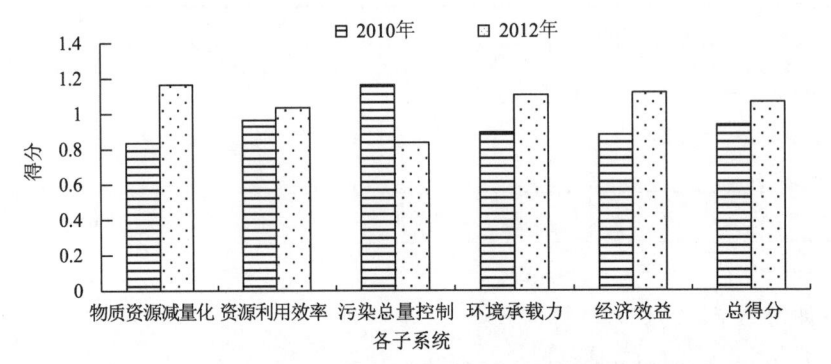

图 5-5 2010 年、2012 年青白江工业集中区循环经济发展评分图

表 5-15 和表 5-16 分别是 2010 年、2012 年青白江工业集中区循环经济发展的综合评分和子系统评分，图 5-5 是基于表 5-16 的 2010 年、2012 年青白江工业集中区循环经济发展评分图。如表 5-15、表 5-16 和图 5-5 所示，2010 年和 2012 年相比，除污染总量控制子系统的评分值有所下降外，其余子系统评分都有不同程度的提高。其中，物质资源减量化子系统评分上升最快，2012 年约比 2010 年提高了 39%；资源利用效率子系统发展相对较慢，仅为 7%；污染总量控制子系统评分有所下降，是因为这一子系统从污染物排放的规模角度进行评价，而其排放强度却是由环境承载力子系统进行考察。可见，随着园区建设日益完善，尽管污染物排放规模扩大，但单位工业增加值排放量却有所下降。由此可推测，如果在园区污染物排放强度得到控制的情况下，排放总量也有所下降，那么青白江工业集中区的循环经济发展将会迈入一个新阶段，这也是其他园区在衡量其循环经济发展水平时可参考的指标体系结构。另外，从横向来看，物质资源减量化的评分从 2010 年的最低上升到 2012 年的最高，污染总量控制子系统恰恰相反，经济效益子系统的排名则有所提升，可见园区的资源环境建设水平尚有波动，而其经济成效逐渐显现出来。因此，通过考察循环经济各子系统的发展情况，可对生态工业园区所处阶段进行分析和推测，从而为园区的进一步建设提供信息参考。

5.2.3 小结

综上可见，这一案例分析展示了 2010 年、2012 年青白江工业集中区的循环经济发

展现状，其研究发现可归纳为以下几点。

（1）代表循环经济 3R 特征的物质资源减量化、资源利用效率和环境承载力子系统对青白江工业集中区发展的重要程度大致相当，而经济效益子系统的权重相对较小，可见园区的循环经济发展特点与企业小循环系统大致相当，是在循环型企业发展的基础上对物质资源、基础设施资源与环境资源的整合。

（2）随着园区建设规模的扩大，园区污染物排放总量有所增加，但排放强度却趋于下降，说明园区循环经济发展取得一定成效。

（3）目前，青白江工业集中区的资源环境建设水平尚有波动且经济成效初步显现，说明园区循环经济建设仍处于初级阶段，需要通过对其发展水平进行动态监测，以把握园区的阶段性发展特征，为其进一步建设提供信息参考。

除此之外，本部分对生态工业园区循环经济发展评价指标体系以及 AHP-TOPSIS 综合评估模型的应用说明了本书针对园区循环经济发展所构建的定量评估方法是有效的，为园区主体的循环经济发展评估提供了方法参考。不足之处在于，这一案例分析所基于的原始数据量较小，导致研究在指标筛选和模型选择上受限，若能得到本书构建园区评价指标体系中的更多具体指标和相关数据，评估结果将会更加完善可靠，前文构建的定量评估方法也能得到更全面的应用。

5.3 区域循环经济发展的定量评估方法应用
——以全国范围为对象

我国针对区域循环经济发展的数据监测较为科学和完善，故基于数据可获性上的优势，本书将以全国范围为对象，对我国 2000~2014 年的循环经济发展现状与趋势进行考察，以期从整体上把握我国当前的循环经济发展水平。

5.3.1 循环经济发展水平评估的建模与分析

对我国 2000~2014 年循环经济发展进行评估的具体步骤与五粮液集团评估步骤一致，为了避免重复，此处不再一一阐述操作过程，只呈现出阶段性和最终评价结果。

1. 确定循环经济发展的指标权重

（1）建立循环经济发展评价指标体系。

基于本书构建的区域循环经济发展评价指标体系，在兼顾数据可获性的基础上，确立了由四大子系统、22 个指标构成的循环经济发展评价指标体系层次结构图，如图 5-6 所示。其中，层次结构图中的目标层用 G 表示，控制层用 H_i (i=1,2,3,4) 表示，指标层用 I_i (i=1,2,$\cdots$,22)表示。

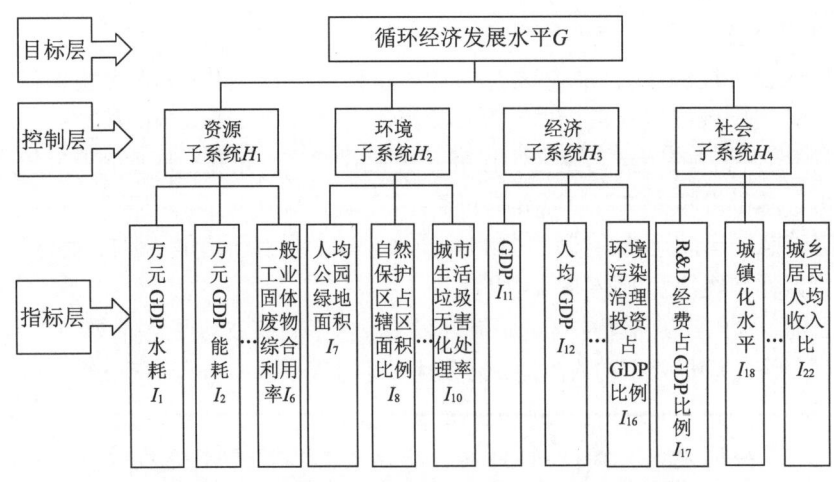

图 5-6　区域循环经济发展评价指标体系层次结构图

区域循环经济发展评价指标体系的目标层以循环经济发展水平为代表。

控制层由资源子系统、环境子系统、经济子系统和社会子系统构成。资源子系统考察我国工业生产过程中对主要能源、废弃物的利用强度及其综合利用效率,环境子系统考察我国经济发展过程中对环境问题的重视与保护程度,经济子系统考察循环经济发展下的经济效益水平,社会子系统考察在经济发展模式转变过程中的社会进步程度。

根据数据获取的难易程度确定了由 22 个具体指标构成的指标层。这一指标层囊括了区域循环经济发展评价指标体系中的绝大多数指标,构成了三大层面循环经济发展评估案例分析中最为完善的指标层,如表 5-17 所示。尽管在问卷调查中纳入了"地级以上城市环境空气质量达标比例"指标,但在整理数据时发现,由于统计口径不一致,数据分析可能影响整个体系评价结果的准确性,故舍去。

表 5-17　循环经济发展评价指标体系构建

目标层	控制层	指标层		
^	^	名称	编号	类型
循环经济发展水平	资源子系统 H_1	万元 GDP 水耗	I_1	逆向指标
^	^	万元 GDP 能耗	I_2	逆向指标
^	^	万元 GDP 工业废气排放量	I_3	逆向指标
^	^	万元 GDP 工业 SO_2 排放量	I_4	逆向指标
^	^	万元 GDP 废水排放量	I_5	逆向指标
^	^	一般工业固体废物综合利用率	I_6	正向指标
^	环境子系统 H_2	人均公园绿地面积	I_7	正向指标
^	^	自然保护区占辖区面积比例	I_8	正向指标
^	^	城市污水处理率	I_9	正向指标
^	^	城市生活垃圾无害化处理率	I_{10}	正向指标

续表

目标层	控制层	指标层		
		名称	编号	类型
循环经济发展水平	经济子系统 H_3	GDP	I_{11}	正向指标
		人均 GDP	I_{12}	正向指标
		GDP 年增长率	I_{13}	正向指标
		第二产业增加值	I_{14}	正向指标
		第三产业增加值占 GDP 比例	I_{15}	正向指标
		环境污染治理投资占 GDP 比例	I_{16}	正向指标
	社会子系统 H_4	R&D 经费占 GDP 比例	I_{17}	正向指标
		城镇化水平	I_{18}	正向指标
		城市化率与工业化率之比	I_{19}	正向指标
		城镇居民恩格尔系数	I_{20}	逆向指标
		农村居民恩格尔系数	I_{21}	逆向指标
		城乡居民人均收入比	I_{22}	适度指标

（2）整理区域循环经济指标赋权的问卷结果。

对区域部分的问卷调查结果进行几何平均，得到循环经济发展评价指标体系的初步分值。

（3）构建循环经济评估模型的判断矩阵。

运用 yaahp 软件绘制循环经济发展层次结构图，构建计算判断矩阵并通过了一致性检验，如表 5-18 所示。接着，确立循环经济发展评价指标体系权重，如表 5-19 所示。

表 5-18 循环经济发展层次判断矩阵构建下的判断结果

层次	判断矩阵	特征向量	λ_{max}
$G-H_i$ $(i=1,2,3,4)$	$\begin{bmatrix} G & H_1 & H_2 & H_3 & H_4 \\ H_1 & 1 & 0.8786 & 1.2213 & 1.5352 \\ H_2 & 1.1382 & 1 & 1.2601 & 1.0254 \\ H_3 & 0.8188 & 0.7936 & 1 & 1.2621 \\ H_4 & 0.6514 & 0.9752 & 0.7923 & 1 \end{bmatrix}$	$\begin{bmatrix} 0.2806 \\ 0.2742 \\ 0.2351 \\ 0.2100 \end{bmatrix}$	4.0305
H_1-I_i $(i=1,2,\cdots,6)$	$\begin{bmatrix} H & I_1 & I_2 & I_3 & I_4 & I_5 & I_6 \\ I_1 & 1 & 0.5663 & 0.7368 & 0.8137 & 0.5106 & 0.5472 \\ I_2 & 1.7658 & 1 & 1.3460 & 1.5150 & 1.3825 & 1.5646 \\ I_3 & 1.3572 & 0.7429 & 1 & 1.3092 & 0.9778 & 1.0985 \\ I_4 & 1.2290 & 0.6601 & 0.7638 & 1 & 0.6207 & 1.0642 \\ I_5 & 1.9585 & 0.7233 & 1.0227 & 1.6111 & 1 & 1.3972 \\ I_6 & 1.8275 & 0.6391 & 0.9103 & 0.9397 & 0.7157 & 1 \end{bmatrix}$	$\begin{bmatrix} 0.1099 \\ 0.2281 \\ 0.1713 \\ 0.1394 \\ 0.1974 \\ 0.1538 \end{bmatrix}$	6.0391

层次	判断矩阵	特征向量	λ_{max}
$H_2 - I_i$ $(i=7,8,9,10)$	$\begin{bmatrix} H & I_7 & I_8 & I_9 & I_{10} \\ I_7 & 1 & 2.0214 & 0.6069 & 0.5487 \\ I_8 & 0.4947 & 1 & 0.3268 & 0.3415 \\ I_9 & 1.6477 & 3.0600 & 1 & 1.2779 \\ I_{10} & 1.8225 & 2.9283 & 0.7825 & 1 \end{bmatrix}$	$\begin{bmatrix} 0.2052 \\ 0.1096 \\ 0.3609 \\ 0.3243 \end{bmatrix}$	4.0138
$H_3 - I_i$ $(i=11,12,\cdots,16)$	$\begin{bmatrix} H & I_{11} & I_{12} & I_{13} & I_{14} & I_{15} & I_{16} \\ I_{11} & 1 & 0.3064 & 0.5798 & 0.8601 & 0.4686 & 0.4214 \\ I_{12} & 3.2637 & 1 & 1.6688 & 2.1314 & 1.1040 & 0.7401 \\ I_{13} & 1.7247 & 0.5992 & 1 & 1.2454 & 0.8475 & 0.7844 \\ I_{14} & 1.1627 & 0.4692 & 0.8030 & 1 & 0.3877 & 0.5438 \\ I_{15} & 2.1340 & 0.9058 & 1.1799 & 2.5793 & 1 & 0.6348 \\ I_{16} & 2.3730 & 1.3512 & 1.2749 & 1.8389 & 1.5753 & 1 \end{bmatrix}$	$\begin{bmatrix} 0.0863 \\ 0.2262 \\ 0.1509 \\ 0.1049 \\ 0.1947 \\ 0.2370 \end{bmatrix}$	6.0742
$H_4 - I_i$ $(i=17,18,\cdots,22)$	$\begin{bmatrix} H & I_{17} & I_{18} & I_{19} & I_{20} & I_{21} & I_{22} \\ I_{17} & 1 & 1.4696 & 1.4543 & 0.7982 & 0.7688 & 0.9437 \\ I_{18} & 0.6805 & 1 & 0.8878 & 0.7088 & 0.6734 & 0.5666 \\ I_{19} & 0.6876 & 1.1264 & 1 & 0.6361 & 0.6028 & 0.6267 \\ I_{20} & 1.2528 & 1.4108 & 1.5721 & 1 & 0.7573 & 0.9133 \\ I_{21} & 1.3007 & 1.4850 & 1.6589 & 1.3205 & 1 & 1.0370 \\ I_{22} & 1.0597 & 1.7649 & 1.5957 & 1.0949 & 0.9643 & 1 \end{bmatrix}$	$\begin{bmatrix} 0.1689 \\ 0.1206 \\ 0.1229 \\ 0.1819 \\ 0.2087 \\ 0.1970 \end{bmatrix}$	6.0181

表 5-18 是循环经济发展层次判断矩阵构建下的判断结果。从表 5-18 中可以得出，以上构造的所有判断矩阵，其 CR 值都小于 0.1，判断矩阵通过了一致性检验，说明决策者对指标权重的判断决策具有一致性，模型计算结果满意。

表 5-19 循环经济发展评价指标体系权重计算结果表

控制层	一级权重	指标层	二级权重	总权重
资源子系统 H_1	0.2806	万元 GDP 水耗 I_1	0.1099	0.0308
		万元 GDP 能耗 I_2	0.2281	0.0640
		万元 GDP 工业废气排放量 I_3	0.1713	0.0481
		万元 GDP 工业 SO_2 排放量 I_4	0.1395	0.0391
		万元 GDP 废水排放量 I_5	0.1974	0.0554
		一般工业固体废物综合利用率 I_6	0.1538	0.0432
环境子系统 H_2	0.2742	人均公园绿地面积 I_7	0.2052	0.0563
		自然保护区占辖区面积比例 I_8	0.1096	0.0301
		城市污水处理率 I_9	0.3609	0.0990
		城市生活垃圾无害化处理率 I_{10}	0.3243	0.0889

续表

控制层	一级权重	指标层	二级权重	总权重
经济子系统 H_3	0.2351	GDP I_{11}	0.0863	0.0203
		人均 GDP I_{12}	0.2262	0.0532
		GDP 年增长率 I_{13}	0.1509	0.0355
		第二产业增加值 I_{14}	0.1049	0.0247
		第三产业增加值占 GDP 比例 I_{15}	0.1947	0.0458
		环境污染治理投资占 GDP 比例 I_{16}	0.2370	0.0557
社会子系统 H_4	0.2100	R&D 经费占 GDP 比例 I_{17}	0.1689	0.0355
		城镇化水平 I_{18}	0.1206	0.0253
		城市化率与工业化率之比 I_{19}	0.1229	0.0258
		城镇居民恩格尔系数 I_{20}	0.1819	0.0382
		农村居民恩格尔系数 I_{21}	0.2087	0.0438
		城乡居民人均收入比 I_{22}	0.1970	0.0414

表 5-19 是循环经济发展评价指标体系权重的计算结果。如表 5-19 所示，循环经济发展评价指标体系中的四大子系统权重得分较为平均，其中，资源子系统的权重略高，为 0.2806，社会子系统的权重相对较低，为 0.2100，但总体而言，各个领域对循环经济发展的影响程度都大致相当。这恰好论证了本书在第 3 章中对区域大循环系统的分析观点（详见 3.2.3 小节），即在区域循环经济建设中，资源、环境、经济和社会领域的平衡与共生发展是推动循环经济进步的首要前提，基于此，资源和环境领域的重要性相对较高，需在把握大的发展方向时有所侧重。

2. 循环经济发展原始数据标准化

首先，根据表 5-17 所构建的循环经济发展评价指标体系，对表中涉及的 $I_1 \sim I_{22}$ 这 22 个具体指标 2000~2014 年的原始数据进行收集。其中，针对少量遗漏数据，采用几何平均法计算已有数据的年均增速来推断空缺数据的值。尽管原始数据的不完整会在一定程度上影响计算结果的准确性，但空缺数据较少，仅占所有原始数据的 2.5%左右，故总体影响不大，计算结果仍具有较大的可靠性和准确性。接着，采用向量规范化法对数据进行归一化处理，其结果如表 5-20 所示。

表 5-20　2000~2014 年循环经济发展评价指标体系标准化值

年份	I'_1	I'_2	I'_3	I'_4	I'_5	I'_6	I'_7	I'_8	I'_9	I'_{10}	I'_{11}
2000	0.0904	0.1732	0.2462	0.0835	0.1104	0.2006	0.1015	0.1779	0.1337	0.2135	0.0720
2001	0.0961	0.1804	0.2331	0.0949	0.1168	0.2278	0.1262	0.2318	0.1419	0.2206	0.0794

续表

年份	I'_1	I'_2	I'_3	I'_4	I'_5	I'_6	I'_7	I'_8	I'_9	I'_{10}	I'_{11}
2002	0.1062	0.1824	0.2358	0.1048	0.1267	0.2269	0.1482	0.2372	0.1559	0.2054	0.0874
2003	0.1206	0.1778	0.2354	0.1035	0.1374	0.2396	0.1784	0.2587	0.1641	0.1925	0.0991
2004	0.1274	0.1798	0.2327	0.1158	0.1545	0.2435	0.2028	0.2659	0.1781	0.1975	0.1170
2005	0.1399	0.1824	0.2368	0.1163	0.1637	0.2452	0.2165	0.2695	0.2027	0.1960	0.1348
2006	0.1798	0.1959	0.2265	0.1329	0.1882	0.2632	0.2278	0.2731	0.2171	0.1979	0.1586
2007	0.2049	0.2228	0.2388	0.1716	0.2244	0.2715	0.2464	0.2731	0.2452	0.2350	0.1961
2008	0.2213	0.2567	0.2723	0.2188	0.2593	0.2811	0.2665	0.2677	0.2736	0.2532	0.2327
2009	0.2394	0.2651	0.2730	0.2528	0.2724	0.2929	0.2936	0.2641	0.2935	0.2706	0.2519
2010	0.2621	0.2915	0.2706	0.2985	0.3068	0.2916	0.3074	0.2677	0.3208	0.2953	0.2973
2011	0.3662	0.3200	0.2453	0.3250	0.3384	0.2614	0.3238	0.2677	0.3259	0.3021	0.3501
2012	0.3921	0.3422	0.2893	0.3810	0.3619	0.2662	0.3365	0.2677	0.3403	0.3214	0.3891
2013	0.4185	0.3613	0.3006	0.4344	0.3901	0.2719	0.3469	0.2659	0.3481	0.3385	0.4258
2014	0.4569	0.3844	0.3152	0.4980	0.4118	0.2715	0.3595	0.2677	0.3516	0.3479	0.4629

年份	I'_{12}	I'_{13}	I'_{14}	I'_{15}	I'_{16}	I'_{17}	I'_{18}	I'_{19}	I'_{20}	I'_{21}	I'_{22}
2000	0.0772	0.2212	0.0735	0.2389	0.1765	0.1682	0.2024	0.1970	0.2404	0.2230	0.3500
2001	0.0847	0.2186	0.0799	0.2482	0.1948	0.1799	0.2104	0.2075	0.2483	0.2295	0.3065
2002	0.0923	0.2396	0.0869	0.2533	0.2206	0.1799	0.2184	0.2180	0.2517	0.2370	0.2478
2003	0.1036	0.2660	0.1007	0.2510	0.2353	0.1900	0.2265	0.2211	0.2556	0.2401	0.2238
2004	0.1211	0.2976	0.1192	0.2451	0.2353	0.2068	0.2333	0.2267	0.2515	0.2319	0.2279
2005	0.1393	0.3344	0.1413	0.2471	0.2536	0.2236	0.2402	0.2269	0.2584	0.2406	0.2251
2006	0.1622	0.3739	0.1673	0.2488	0.2353	0.2388	0.2477	0.2330	0.2649	0.2546	0.2155
2007	0.1987	0.2528	0.2029	0.2539	0.2518	0.2421	0.2564	0.2463	0.2613	0.2540	0.2072
2008	0.2336	0.2423	0.2401	0.2527	0.2867	0.2590	0.2626	0.2540	0.2503	0.2507	0.2095
2009	0.2536	0.2791	0.2559	0.2639	0.2794	0.2859	0.2701	0.2705	0.2597	0.2672	0.2067
2010	0.2986	0.2502	0.3061	0.2631	0.3419	0.2909	0.2791	0.2759	0.2656	0.2664	0.2242
2011	0.3519	0.2028	0.3622	0.2652	0.2702	0.3010	0.2865	0.2828	0.2612	0.2712	0.2446
2012	0.3863	0.2028	0.3894	0.2703	0.2849	0.3245	0.2937	0.3017	0.2618	0.2783	0.2497
2013	0.4232	0.1922	0.4164	0.2804	0.2831	0.3380	0.3002	0.3178	0.2709	0.2907	0.3208
2014	0.4555	0.2296	0.4406	0.2861	0.2775	0.3447	0.3135	0.3435	0.2694	0.3195	0.3438

3. 循环经济发展的 TOPSIS 综合评价

根据 TOPSIS 综合评估的具体步骤（详见 4.3.3 小节），依次计算正负理想解、欧氏距离和相对贴近度。其中，相对贴近度即 2000~2014 年循环经济发展综合评分值。如表 5-21 所示。

表 5-21　2000~2014 年循环经济发展综合评分值

年份	综合评分值	评分值排序
2000	0.1140	13
2001	0.1081	15
2002	0.1122	14
2003	0.1508	12
2004	0.1957	11
2005	0.2488	10
2006	0.2982	9
2007	0.3765	8
2008	0.4773	7
2009	0.5423	6
2010	0.6430	5
2011	0.7033	4
2012	0.7802	3
2013	0.8421	2
2014	0.8867	1

4. 对评价结果进行排序与分析

根据 TOPSIS 分析法的判断标准，评分值越接近 1，说明在现有条件下，第 i 年循环经济发展水平越高。如表 5-21 中对综合评分值的排序可知，循环经济发展水平在 2001~2002 年有所下滑，之后逐年提高，发展形势向好且相对平稳，没有较大幅度波动。

表 5-22 是 2000~2014 年循环经济发展子系统评分值，图 5-7 是基于表 5-22 的 2000~2014 年循环经济发展子系统评分图。如表 5-22 和图 5-7 所示，从子系统评分上看，除了社会子系统，资源子系统、环境子系统与经济子系统的发展在循环经济建设过程中均逐年变好，而社会子系统的发展在 2000~2003 年不断变差，2004 年才开始恢复，且直到 2009 年才重新超过 2000 年的发展水平。与 5.1 节的实证分析结果相似，各子系统的评分值仅具有相对意义，可用于比较各年份子系统发展的优劣程度，但不能从线性角度说明 2014 年各子系统评分值比 2000 年增长了多少倍，更不能先验地将此作为论证实证结果与现实不完全一致的依据。例如，从经验角度来看，近年来环境治理或社会发展尽管有所进步，但仍暴露出不少问题；或许 2000 年不少城市的环境质量要优于近些年，尤其是在空气质量上，但过去的经济体量、先进技术等都不如现在，因此，如果在发展条件较弱的十几年前，要建设获得与当前同等规模的经济效益，则环境污染或破坏程度可能更甚。举此例只是为了进一步说明，通过表 5-22 和图 5-7 能够得到的研究结论的解释度及其局限性。另外，环境子系统在 2012~2014 年的发展程度相对较高，除此之外，2000~2012 年环境子系统与 2000~2014 年资源子系统、经济子系统与社会子系统的发展都较为平稳。

表 5-22 2000~2014 年循环经济发展子系统评分值

年份	资源子系统 评分值	排序	环境子系统 评分值	排序	经济子系统 评分值	排序	社会子系统 评分值	排序
2000	0.0310	15	0.0002	15	0.0382	15	0.3976	7
2001	0.0471	14	0.0008	14	0.0571	14	0.3289	9
2002	0.0629	13	0.0011	13	0.1171	13	0.1827	14
2003	0.0859	12	0.0024	12	0.1650	12	0.1529	15
2004	0.1165	11	0.0046	11	0.2071	11	0.1883	13
2005	0.1353	10	0.0081	10	0.2755	10	0.2410	12
2006	0.2043	9	0.0113	9	0.3207	9	0.2964	11
2007	0.3011	8	0.0236	8	0.3434	8	0.3081	10
2008	0.4146	7	0.0436	7	0.4425	7	0.3443	8
2009	0.4684	6	0.0735	6	0.4902	6	0.4299	6
2010	0.5677	5	0.1408	5	0.6134	5	0.4720	5
2011	0.6710	4	0.1783	4	0.6513	4	0.5379	4
2012	0.7821	3	0.3135	3	0.7157	3	0.6057	3
2013	0.8818	2	0.5587	2	0.7490	2	0.8275	2
2014	0.9698	1	0.9077	1	0.7950	1	0.9757	1

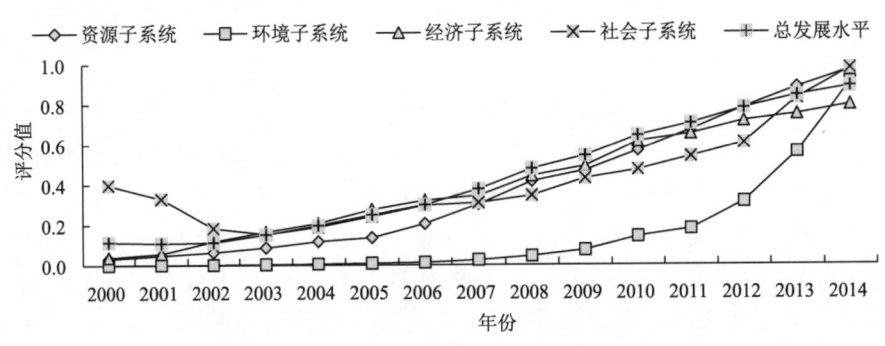

图 5-7 2000~2014 年循环经济发展子系统评分图

究其原因，环境子系统中的指标构成主要用于考察城市人均绿化水平、生态保护面积或污染物处理程度，而对以上问题进行治理的前期准备工作较多、耗时较长，例如，购买城市污水或固废处理的大型设备，或建立城市废弃物回收利用系统等，而从更宏观的全国范围来讲，工作量更是庞大。故对生态环境问题的治理经过了长期而艰巨的过程，其成效在近年才逐渐显现；而同时，由于相关指标的不连续性，近年来所面临的各地空气质量下降、秋冬雾霾严重等情况最终没有被纳入这一指标体系，故从空气质量角度衡量的环境问题暂时未能得到有效评价。另外，为何环境子系统中仅纳入了城市类指标而未考虑农村地区，在此需进一步强调：其一，目前农村经济发展相对滞后，推进新农村建设、提高农民物质生活水平才是其首要目标，而环境治理前期耗费大、成效慢，故不符合目前农村发展的迫切要求；其二，从循环经济角度来看，需要进行经济发展模式转变、对环境产生较大压力的主要部门集中在工业企业，农村地区工业企业（尤其是大型的）相对较少，故主要工业污染源还是来自城市，而若要系统性地治理农业发展中的环境问题，又缺乏基本的资金支持，更不用说相关数据的统一搜集与上报。因此，基于以上现实状况，本书暂时未把反映农村环境发展现状的相关指标纳入环境子系统，而这一工作可随着未来循环经济发展阶段的不断迈进而有所完善。同时，2014年经济子系统评分值在四个子系统中排名最末，根据企业和园区的案例分析结果来看，在循环经济的基本执行主体都处于前期建设而导致成本费用增加、经济效益增长缓慢的当下，全国在推进循环经济发展过程中，也将面临市场发展放缓的状况。

5.3.2 小结

综上可见，这一案例分析较为全面地展示了 2000~2014 年循环经济发展现状，其研究发现可归纳为以下几点。

（1）资源、环境、经济与社会四大子系统对循环经济发展的推动作用大致相当，但资源子系统的重要程度略高于环境子系统、经济子系统与社会子系统。

（2）循环经济发展水平在2001年和2002年有所下滑，之后逐年提高，发展形势向好且波动较小。

（3）在以扩大人均绿地面积、治理污水或固废处理等为主的环境子系统发展中，初期评分较低，直到2012年才有显著提高，说明这一工程较为宏大，基础设施建设耗时较长，需要一段时间方能体现成果；同时，2014年经济子系统相较资源子系统、环境子系统、社会子系统的评分最低，这说明在企业和生态工业园区都尚处循环经济建设初期的当下，全国的循环经济发展也相应地面临成本增加、利润增长缓慢的问题，进一步论证了循环经济发展是一个厚积薄发的过程。

除此之外，本部分对循环经济发展评价指标体系以及AHP-TOPSIS综合评估模型的应用，说明了本书针对区域循环经济发展所构建的定量评估方法是有效的，这不仅为区域循环经济评估方法的研究进行了有益补充，也为进一步推进循环经济在区域层面的高效实施提供了决策参考。

5.4　对实证结果的讨论

本章通过评估企业、生态工业园区和区域相关案例的循环经济发展水平分别得到了各自的研究结论，并在小结中进行了归纳。在此，本书进一步对为各层面其他主体所借鉴的、具备一定通用性的结论予以强调与阐释，对三大层面循环经济发展评价所共有的研究发展进行讨论与总结。

5.4.1 各层面循环经济实证分析的不同结论

从企业方面来看，五粮液集团作为用水大户，水资源利用效率与水污染治理状况对企业推进循环经济发展有直接的影响，推而广之，各行业企业在实施循环经济时，都应首先明确其关键性资源或能源，努力推进对这一类资源或能源的综合利用、加大其废弃物处理程度，并以此作为企业循环经济建设的重点。另外，通过评价发现，2008年出台的《中华人民共和国循环经济促进法》对企业循环经济发展的推动作用较为明显，说明循环型企业应不断争取国家相关政策的支持，以弥补企业作为微观个体在循环经济发展中可能存在的短板与不足。

从生态工业园区方面来看，青白江工业集中区的循环经济发展存在一定的波动性，如污染总量控制子系统的综合评分排名从2010年的首位下降到2012年的末位，物质资源减量化子系统的综合评分排名从2010年的末位上升到2012年的首位。因此，尽管生态工业园区建设规模不断扩大且取得一定成效，但仍需通过长期、动态的监测来保障生态工业园区循环经济可持续发展，而这一问题亦是其他生态工业园区在循环经济建设过程中需要引起重视的方面。

从区域方面来看，2000~2014年资源、环境、经济与社会四大子系统对循环经济发展的推动作用大致相当，总体发展形势向好且较为平缓。其中，环境子系统评分值在2012~2014年有较大程度的发展，且总体水平也不断提高，这一实证结果似乎与我国近年来环境状况恶化，尤其是空气质量下降、雾霾严重的现状有所矛盾。究其原因，除了以上实证结果分析中所述，还可能在于相关指标的选取问题。目前，从全国层面能够获取的、较为权威的、连续的环境类指标数据多涉及绿地建设、自然保护区规划、污水或生活垃圾处理等领域，人均公园绿地面积和自然保护区占辖区面积比例主要从规模角度对生态保护情况进行考察，这正是历年来各地政府进行生态建设的重点，故取得了一定效果；城市污水处理率和城市生活垃圾无害化处理率主要涉及相关大型基础设施的建设或相关体系平台的完善，在政府投入大量资金且基本完成了初步部署后，也显现出一定成效。加上农村环境治理的相关数据暂未被纳入这一体系，故环境子系统评分值起点低但增长快的特征尤为明显；但这里的起点低也仅是相对于其余三个子系统而言，分值间的差异并不具有绝对的定量化意义。而随着循环经济相关数据库的建设与完善，今后可将更多相关性强的指标纳入这一体系，则可能逐步解决实证结果与现实状况有冲突的问题，使理论分析能更加贴合于现实并为其服务。

5.4.2 各层面循环经济实证分析的共同结论

通过5.1节~5.3节的实证分析，发现在经济效益的评价结果上，企业、生态工业园区和全国层面的区域循环经济发展具有一定的共通性，即在循环经济建设初期，三大主体循环经济发展中的经济效益增长相对缓慢，需要进一步加大资金投入力度，通过扎实的前期建设才能厚积薄发式地实现经济社会可持续发展的终极目标。

目前，在推进循环经济发展过程中主要强调的是对资源、环境领域的改造，如尽可能地采用新能源、新技术、新工艺，以提高资源废弃物的综合利用效率、加大环境污染治理力度等，而为了达到这一目标，各主体的经济利益可能受损。但需要明确的是，这种"受损"是暂时性的。通过暂时牺牲经济利益以实现经济增长方式的根本性转变，运用新型、闭环式的经济增长方式推动经济社会更加长远且可持续发展，是发展循环经济的终极目标。因此，无论是在循环经济理论研究还是实际操作中，目前都将资源环境领域建设作为重点，其目的是尽快推动循环经济发展进入新阶段。可见，循环经济发展中的经济效益评价具有阶段性目标，只有深入落实当前阶段的发展目标，才能从根本上推动终极目标——经济社会可持续发展的实现。

5.5 未来循环经济发展的政策建议

由于受到特定评价对象和数据可获性的限制，本章在对企业和生态工业园区循环经济发展定量评估方法进行应用时，其评估结果除了在经济效益子系统上所呈现出来的特点，其余评估结果的代表性或延伸性相对较弱，故其案例分析的目的主要是为企业和生态工业园区的定量评估方法提供论证分析上的参考。而本章以全国为范围对区域循环经济发展的定量评估方法进行应用，其研究结论具有一定的代表性和普适性。因此，本节将在结合前期理论研究的基础上，针对以上分析所得代表性与普适性均较强的研究结论，提出几点具体的政策建议作为未来循环经济发展在政策制定上的信息参考。

5.5.1 完善循环经济相关制度法规

政府的法律法规与制度建设是循环经济发展的首要保障，是各循环经济主体良好有序发展的基础。一方面，从 5.1 节对企业循环经济所进行的案例分析可知，各类相关政策的出台对企业循环经济发展起到了显著的促进作用，推而广之，其他循环经济主体的实践也可能在较大程度上受到政策影响；另一方面，从 5.3 节对循环经济发展水平的考察可知，我国循环经济发展尚处于初级阶段，环境治理的起点较低、工程量较大，需要有完善且细化的制度法规予以保障。因此，在我国目前已出台的一系列政策法规的基础上，应进一步推进这一领域的完善，增强各类主体发展循环经济的信心和能力。

1. 针对各执行主体制定不同的法律规范

循环经济发展是在资源、环境、经济与社会系统有机结合下，通过生产端和消费端的平衡协作所形成的新型经济发展模式，这一发展需要包括地方政府、生态工业园区、企业和消费者等多主体的参与。而我国目前制定的循环经济相关法律，大多是从全国层面对其发展提出要求或规划。除此之外，可考虑针对不同的循环经济执行主体制定相应的法规或制度。例如，区域类循环经济发展需要各类大型基础设施为支撑，如构建资源再回收系统、水资源循环系统、空气质量监测系统等；生态工业园区类循环经济发展的重点在于相邻地区企业的整合和生态产业链建立；企业类循环经济发展中，清洁生产技术的升级与创新是关键；消费者主要通过更多地使用环保类产品或包装参与其发展。因此，政府可针对各类循环经济执行主体的不同行为特征对其实践过程进行规范或约束，如建立重工类企业资源循环利用方面的法律规范、生态工业园区循环经济实施方面的法律规范等，以进一步明确和细化不同参与者发展循环经济的法律约束。另外，虽然消费者行为并不适合从法律法规上进行干预，但可通过如绿色消费行为制度等约束促使其转变。

2. 完善政府规划编制与考评制度

我国对循环经济发展水平的监测与考察主要是为了掌握实施主体在资源环境领域

的发展现状，也是动态追踪其资源综合利用程度和环境保护水平的重要手段。然而，根据 3.3 节梳理的循环经济定量评估方法困境发现，除了我国循环经济示范试点单位的主要数据能得到有效上报，以及一些需纳入统计年鉴的区域类环境资源数据能被动态监测以外，专门反映企业、生态工业园区、主要行业产业或区域循环经济发展水平的数据库并未系统地建立起来（这一问题在 6.1.3 小节也会进一步讨论）。因此，为了长期、动态、全面地了解在循环经济发展过程中的环境治理状况，国家应督促各级政府在结合国家五年发展规划和循环经济总体专项规划的情况下，制订地方循环经济推进计划，建立针对当地重点企业、园区或产业的长期考评制度，为全国循环经济发展战略的完善与发展方向的把握提供尽可能完备的信息参考。

3. 建立生产者与消费者责任联合延伸制度

在循环经济理论的推动下，生产者责任延伸制逐渐得到广大企业的认可与实施，即生产者不仅要负责生产并出售产品，还要负责产品使用之后的回收处理工作，以达到资源利用最大化、污染最小化的目标。但在庞大的市场机制下，这一目标仅依靠企业发力、政府引导仍难以完成。因为产品的使用端是消费者而非生产者，故消费者处理废弃产品的方式与途径直接影响企业对产品或包装进行回收的可能性与有效性。同时，本书在 3.2.4 小节曾分析，以生产端为主的循环经济实施方式或理念向消费端不断推进，并致力于形成生产端与消费端平衡发展的动态过程，是循环经济主体从企业到生态工业园区再到区域不断推进的必然结果，是企业小循环、生态工业园区中循环与区域大循环体系间加强关联与融合的重要体现。因此，相关部门应考虑将消费者对产品的使用责任也进行延伸，建立生产者与消费者责任联合延伸制度。通过这一制度的不断发力，逐渐扩大绿色产品的销售规模，形成绿色产品在生产端与消费端之间无障碍流通的市场机制，从根本上实现资源产品在全社会范围内的完全循环利用。具体来讲，当地政府可通过市场平台建设要求消费者将具有绿色标识的产品在使用后按照政府或企业指定的方式交回到产品回收网络中，如购买产品的超市，并同时进行小额返现，以鼓励消费者多实施这一行为，达到对企业产品回收系统的高效利用；与此同时，政府也可引导消费者建立绿色消费理念与行为，为更多企业生产并出售绿色产品提供需求平台。

5.5.2 加强资金支持力度

根据本书理论分析可知，无论是企业、生态工业园区还是全国范围，经济支持都是使循环经济有序发展的重要依据；而 5.1 节~5.3 节的实证结果进一步显示，现阶段，企业、生态工业园区与区域实施循环经济所获得的经济效益均相对较弱，倘若仅依靠自有资金来推进循环经济相关技术的创新与革新、健全生态产业链等都是有难度的。因此，在循环经济发展初期，各主体需要得到强大的财力支撑，以避免经济问题成为阻碍循环经济发展的主要因素。

1. 对各循环主体提供直接投资支持

循环经济发展过程中（尤其是前期），无论是企业、生态工业园区还是区域，均需要耗费大量资金对相关设施设备进行投资和购买，从而导致成本费用增加。因此，为了鼓励各类主体推进循环经济，政府应对其购买行为提供直接性投资支持，以减轻其经济负担。具体来讲，对于全社会区域大循环系统，政府应划拨相应资金用以支持废弃物回收利用市场的建立，包括废弃物回收设备、交易场所和信息平台等的建立，同时对生态农村基础设施改善、城市污水处理设备引进、城市地下管道维护等大型工程予以支持；对于生态工业园区中循环系统，国家或当地政府应对园区基础设施共享平台的建设进行相应投资，用以购置发电设备、交通运输设备或建立灾害预警系统等；对于企业小循环系统，耗费大量资金用于引进清洁生产设备或技术本就是多数企业（尤其是中小企业）难以承担的，从而造成企业发展循环经济的积极性不高，故政府应对具有发展潜力和经济基础的企业给予资金支持，如以入股的形式参与投资，并在规定年限（如3年或5年）后再进行分红，每一项大型投入都可采用这一形式促使企业长期发展。

2. 对绿色产品进行优先购买与补贴

循环型企业或园区生产出来的绿色节能环保产品对环境污染小且易于回收，但其售价高于传统产品，消费者难以承受。此时，为了在不破坏市场运行机制的前提下帮助和鼓励循环类企业或园区的发展，引导全社会绿色消费理念的建立，政府应规定此类产品的售价高于但相对接近同类产品，并在此基础上对其进行优先购买和实施产品补贴，如此可在企业生产积极性和经济利益不受损害的同时，引导消费者购买行为的改变，扩大绿色产品的市场需求量，实现规模生产，从而使绿色产品普及化成为可能，最终构建全社会范围内的绿色消费市场。

3. 对循环类企业或项目提供信贷支持

除了政府对循环经济实践主体给予的直接财政支持和产品购买之外，金融机构也可在市场作用下发挥其特有的作用，为循环经济发展营造良好的金融环境。无论是政策性银行、商业银行还是其他金融主体，在进行传统信贷业务时，都可根据申请对象的经济发展模式或特点进行区分，将货币资金更多地贷给循环型企业或致力于新能源、低碳等可持续发展的企业。例如，对发展循环经济的低耗能、低污染、高技术含量企业，银行应适当放宽贷款限制、提高贷款额度、调低贷款利率等，以扶持绿色产业、新能源产业等的发展；对高耗能、高污染的企业，要严格把控其贷款流程和金额，并适当调高贷款额度，对一些低水平重复性建设项目要坚决拒绝其贷款要求，以引导此类产业企业逐渐退出市场，实现企业（尤其是大型企业）生产方式向闭合循环式转变，从而提高全社会的循环经济实施力度。

5.5.3 加快调整能源利用结构

根据5.3节对循环经济发展水平的评估可知，目前，资源子系统整体发展态势良好，同时，企业和生态工业园区也均把调整和优化能量资源利用方式作为循环经济的发展重点。从5.1节的实证结论来看，五粮液集团对丢糟、煤渣和沼气等废弃物的综合利用程度较高，同时较为注重对酒类企业的关键资源——水资源使用能力的不断改造，这一行为对转变企业的能源利用结构、提高企业总体循环经济发展水平具有重要作用。除了轻工业之外，在工业发展中占据重要地位的是以"高耗能、高污染、高排放、低产出"为特征的重工业，此类企业所使用的生产方式往往效率较低且不可持续。因此，从整体上对各行业企业和生态工业园区等主要的物质能源利用方式进行循环改造，加快调整总体能源利用结构，是促进整体循环经济发展的根本途径之一。

具体来讲，政府应鼓励高新技术产业或企业的发展，引导其使用风能、太阳能、天然气等新能源或可再生能源作为主要生产能源，并对此类企业给予政策、税收、财政或技术上的支持，从整体上降低其对煤炭、石油等传统能源的消耗总量与强度；同时，严格限制高耗能、高污染产业的发展，淘汰落后工艺与设备，对一些生产效率低或重复建设的中小型企业责令其关闭或重组，集中有效资源进行建设，实现能源利用结构的逐步调整。

5.6 本章小结

基于本书所构建的循环经济发展水平定量评估方法，本章在企业、生态工业园区和区域层面均选取了案例分析对象，即五粮液集团、青白江工业集中区和以全国范围为对象的区域循环经济主体，对其方法进行了应用并得出一定的实证结论，为循环经济定量评估方法的深入研究提供了有益的补充与参考。同时，针对结论中有一定代表性或普适性的部分，本书提出了几点政策建议，如完善循环经济相关制度法规、加强资金支持力度以及加快调整能源利用结构等。

第 6 章 结论与展望

本章首先对主要研究结论、创新点与不足之处进行归纳总结，再对研究中发现的一些需要关注的问题进行讨论，基于此，对循环经济定量评估方法的深入研究进行前景展望，以探讨拓展这一研究主题的可能性与方向性。

6.1 研究结论

本节首先对本书的主要结论进行总结，对本书的创新点与不足之处进行归纳，并对研究过程中所发现的问题进行讨论。

6.1.1 结论

本书基于循环经济的产业组织形态与实践方式，对企业小循环、生态工业园区中循环和区域大循环的发展现状以及体系建设进行了较为全面、深入的分析，根据理论和实践过程中所呈现出来的问题，构建了循环经济发展水平定量评估方法并对其进行应用。在此过程中，本书得到了以下几点主要结论。

（1）本书对循环经济的内涵与原则进行了深入阐释，从而提出了作者对循环经济的理解。首先，循环经济是指运用生态学和经济学原理及基本规律，在生产全过程中对物质资源进行高效综合的循环利用，以达到经济、社会与生态环境三大系统间的最优耦合状态，实现可持续发展目标。其次，循环经济的内涵可以从四个方面进行解读，从生态学角度讲，循环经济要求形成"资源—产品—再生资源"的闭环物质流系统；从经济学角度讲，循环经济是一种可持续的生态型循环发展模式，循环经济的物质流动方式，要求在经济活动"生产—分配—交换—消费"四个环节中，都建立起新的行业规范和运行机制；从环保角度讲，发展循环经济的最终目的是实现经济发展与环境保护共生发展。最后，循环经济 3R 原则的重要性排序为减量化>再利用>再循环，减量化原则是循环经济思想的核心。同时，3R 原则在循环经济实践中，体现在与相关市场经济活动的潜在联系，如产业结构高度化、"三废"处理、节能减排和绿色包装以及便于回收利用的设计等，可见，循环经济 3R 原则的实现影响着生产与消费方式的转变、产业结构的优化调整与高新技术的创新升级等，对社会经济活动的发展有积极的推动作用与较大的潜在贡献。

（2）本书基于循环经济发展沿革、相关理论与定量评估方法的角度对国内外循环经济研究成果进行了综述，得出以下结论。一是由于循环经济理论源自国外，故国外学术界在发展这一理论时具有与之对应的价值观基础，研究较为深入，且注重从国际视角来分析全球环境问题或可持续发展；而国内学术界更多地从国内视角对循环经济问题进行研究，尚未形成具有权威性或较强参考性的成果，处于研究的初级阶段。二是在国内外循环经济相关理论的研究中，针对指标体系的研究成果相对较少，有进一步讨论和研究的必要。三是针对循环经济评价所运用的定量模型较多，且各有利弊，但缺乏一个较为统一、规范的方法体系对各循环经济主体进行系统、可比的分析；且既有研究多是针对企业、生态工业园区或区域某一层面单独展开，系统、整体地对循环经济发展的定量评估方法进行研究的成果较少。因此，本书希望对这一遗憾进行研究和补充，即对循环经济发展水平进行定量评估的方法构建与应用，包括设计科学全面的企业、生态工业园区和区域循环经济发展评价指标体系，选择能充分挖掘样本信息和体现研究对象特点的综合定量评估方法，并对其进行应用，为循环经济方法研究的完善化、规范化和统一化提供有益的理论参考和成果补充。

（3）通过对循环经济基础理论与相关文献的分析，本书提出两大主要的研究视角。一是对研究对象的确立，即本书题目中的"评估"是指对包括企业小循环、生态工业园区中循环和区域大循环三个层面在内的整体循环经济发展体系的评估，这一完整的循环经济发展框架构成了本书的研究对象，是研究的主要切入点；二是针对研究对象的评估所采用的核心研究方法的探索，即包括构建三大层面的循环经济发展评价指标体系，以及确立 AHP-TOPSIS 综合评估模型在内的循环经济发展定量评估方法。将以上两大研究视角结合起来，即对企业、生态工业园区和区域循环经济展开定量评估方法的构建及其应用研究，形成了本书所基于的完整研究视角，即循环经济发展水平的定量评估方法及其应用研究。

（4）通过对循环经济发展现状和体系的分析，本书指出基于企业的小循环是循环经济发展的基础性平台，其企业发展的基本理念与生产流程设计是基于生态经济学理论，关键技术是清洁生产，而实际执行程度的高低则要依赖其经济实力的大小；基于生态工业园区的中循环是循环经济发展的核心层级，它通过企业小循环体系、企业间共生系统和工业园区生态化体系的层层构建，形成完善的生态产业链网络，从根本上推动生态工业园区的发展；基于区域的大循环是循环经济发展的宏观载体，在资源、环境、经济与社会四大系统的有机结合下，以技术创新和基础设施建设为支撑，以政策法规为保障发展循环经济。三大体系的依次构建不仅为全国性的宏观循环经济发展体系的形成奠定了基础，还使循环经济主体的实施重点从生产端向消费端不断延伸，以达到全社会绿色生产市场与绿色消费市场平衡发展的目的；同时，生态产业链网也在这一过程中得到扩张与完善，最终囊括整个社会领域。

（5）本书从理论研究与现实操作的角度集中分析了循环经济发展所面临的相关评估方法困境。从理论研究上讲，循环经济定量评估方法面临的挑战，一是评估方法的可改进性，即针对循环经济发展水平评估所运用的定量模型较多，但缺乏较为统一、规范的方法体系来对同类循环经济主体进行系统、动态、可比的分析，换言之，已有循环经济定量评估方法面临客观性、可操作性、可追踪性不强等问题；二是定量评估对象的单一性，目前国内外，尤其是国内，大部分研究多围绕某一层面展开，如企业、生态工业园区或区域三大主体之一进行定量评估，对涵盖以上主体的整体循环经济发展水平进行定量评估的研究成果较少，即整体循环经济发展水平的定量评估方法体系尚未建立。从实践发展上讲，循环经济评估方法研究在理论上所面临的困境导致我国各个层面以及整体循环经济发展水平难以得到全面、科学和动态的评估，这在一定程度上削弱了我国未来循环经济战略制定的客观性、有效性与合理性；同时，以企业和生态工业园区为主的循环经济主体还面临原始数据科学性、连续性与动态性欠缺等问题。由于以上问题可能会间接制约我国宏观经济战略的有效实施，故本书从学术视角探索这一困境的解决之道是必要且重要的。

（6）本书分别建立了企业、生态工业园区和区域循环经济发展评价指标体系，三大体系均以自上而下的"目标层—控制层—指标层"树形结构为基本层次框架。其中，企业评价指标体系包括资源投入减量化、资源利用效率、废弃物排放与无害化、经济效益和社会效益五个子系统，由 25 个指标组成；生态工业园区评价指标体系包括物质资源减量化、资源利用效率、污染总量控制、环境承载力、经济效益和园区管理六个子系统，由 28 个指标组成；区域评价指标体系包括资源、环境、经济、社会四个子系统，由 26 个指标组成。三大指标体系中的具体指标均与循环经济发展有较为密切的联系。基于此，本书从指标权重设置、原始数据标准化和综合评估方法角度确立了最适合本书指标体系的科学、合理、综合的定量评估方法，即 AHP-TOPSIS 综合评估模型，并对这一模型构建的具体操作步骤进行了详细说明。以上为本书构建的循环经济发展水平定量评估方法体系。

（7）基于以上定量评估方法的构建，本书分别选取了五粮液集团、青白江工业集中区和以全国区域范围为案例分析对象，对这一方法进行应用，希望为循环经济评估方法的研究提供有益的参考与补充，同时得出了几点结论。其一，对五粮液集团循环经济发展水平进行评估后发现：①以五粮液集团为代表的酒类企业应着重提高水资源的综合利用效率，而各行业企业在实施循环经济时都应明确其关键性资源或能源，并尽可能推进这一资源或能源的综合利用；②国家政策支持对企业循环经济发展的推进作用尤为明显，故循环型企业应多争取相关政策支持；③循环型企业在前期发展中可能面临利润较低的问题，但此类企业在规模扩张中后期的张力与持久力会逐渐显现出来，经济收益会持续增加。其二，对青白江工业集中区循环经济发展水平进行评估后发现：①园区的循环经济发展特点与企业小循环系统大致相当，是在循环型企业发展基础上对物质资源、基础设施资源与环境资源的整合；②随着园区建设规模的扩大，其循环经济发展取得一定成效但仍不稳定，故需保持对园区的动态监测以把握其发展阶段，这一研究发现可为其他生态工业园区所借鉴。其三，对全国范围内的循环经济发展水平进行评估后发现：①资源、环境、经济与社会四大子系统对循环经济发展的推动作用大致相当，但资源子系统的重要程度略高于其他三个；②循环经济发展水平在 2001～2002 年有所下滑，之后逐年提高，发展形势向好且波动幅度较小；③在人均绿化面积、污水治理程度等方面的环境治理起点较低，2012～2014 年有较快发展，同时，循环经济发展下的经济增长相对缓慢，需要厚积薄发。

（8）针对以上实证分析中代表性或普适性较强的相关结论，本书提出了对未来循环经济发展的几点政策建议。一是完善循环经济相关制度法规，包括制定对各类执行主体的相关法律、完善政府规划编制与考评制度，建立生产者与消费者责任联合延伸制度等；二是加强政府发展循环经济的资金支持力度，包括对各循环主体提供直接投资支持，对绿色产品进行优先购买与补贴，对循环类企业或项目提供信贷支持等；三是加快调整能源利用结构，以达到促进产业结构升级、推动整体经济发展的目的。

6.1.2 创新点与不足之处

基于上面的主要研究内容与结论，提出本书的主要创新点和不足，以进一步明晰该研究在学术上的贡献与尚未考虑周全之处，为下一步研究的开展奠定基础。

1. 本书的创新点

（1）本书基于企业小循环、生态工业园区中循环和区域大循环视角对各主体循环经济发展体系建设的主要内容进行了深入分析，并在此基础上，从全国性宏观循环经济发展体系的构建、循环经济主体发展从生产端向消费端的不断延伸以及生态产业链网的扩张与完善角度，对三大体系间的内在关联进行了梳理与阐释，进一步厘清了整体循环经济系统建构的发展脉络与逻辑思路。这是本书在循环经济理论研究上的主要创新点。

（2）本书在结合国内外政府与学术界相关研究成果的基础上，通过梳理企业、生态工业园区和区域循环经济发展评价指标体系的评价目标与设计原则，构建了三大主体的循环经济发展评价指标体系，并对体系建立的层次结构、具体指标的释义及其与循环经济的关联进行了详细阐述，为循环经济发展水平的评价研究提供了可参考的指标体系标准。这是本书在循环经济发展评价指标体系构建上的主要创新点。

（3）本书从指标的权重设置、原始数据的标准化和指标体系的综合评估角度对循环经济常用评估方法进行对比分析，从而确立了以层次分析法与逼近理想值排序法相结合的 AHP-TOPSIS 综合评估模型作为本书的主要研究方法，以期对三大层面的循环经济发展指标体系进行相对科学、系统和综合的评价。基于此，本书选择了五粮液集团、青白江工业集中区和全国范围内的区域循环经济主体作为案例分析对象，对以上所构建的定量评估方法进行应用，得到了具有一定代表性与普适性的结论，并较为客观、全面地掌握了我国 2000~2014 年的循环经济发展水平，为循环经济领域的方法研究提供了参考。这是本书在方法研究上的主要创新点。

2. 本书的不足之处

（1）本书在对企业、生态工业园区和区域的循环经济发展评价指标体系进行构建时，尽管是在遵循其评价目标和设计原则的基础上进行的，但指标体系的设计仍然存在不尽完善或合理的地方，如定性指标或与国际接轨的指标较少等。故在今后的研究中，会进一步结合国内外研究成果，在兼顾循环经济发展特点的基础上，完善指标体系的层次结构，选择更具综合性和代表性的评价指标，使指标体系的构建更加科学化与系统化。

（2）在对循环经济发展水平的定量评估方法进行应用时，由于受到数据可获性的限制，本书第 4 章所建立的评价指标体系不能完整地运用到案例分析中去，指标体系的科学性和系统性被弱化。针对这一问题，在今后的研究中，需进一步加大数据搜集力度，尤其是对第一手数据资料的获取；在循环经济监测与考评制度不断完善的过程中，尽可能对构建的指标体系进行相对全面的评价与应用。

（3）目前常用的循环经济评估方法或模型尽管能对各主体循环经济发展进行综合性的定量评估，但基本都是通过定量评估得到定性结果，即计算结果主要用于比较不同评价对象或评价方案的循环经济相对发展水平或效率，而难以直接量化循环经济主体的发展程度。本书所使用的 AHP-TOPSIS 综合评估模型亦是如此，这可能会使评估结果的准确性受到影响。因此，在今后的研究中，可考虑进一步运用统一、权威的可量化指标，如低碳经济的代表性指标——二氧化碳排放量等，对循环经济发展成果进行量化评估，以期得到更加具体且可细化的研究结论。

6.1.3 讨论

在研究过程中，有一些需要加以重视但暂未能得到解决的问题将在这一部分进行讨论，如企业与生态工业园区指标统计的数据连续性、动态性欠缺问题，企业考核指标的科学性、统一性不足问题以及循环经济主要评价指标体系与国际接轨不够的问题等。

1. 企业与生态工业园区指标统计的数据连续性、动态性欠缺问题

在对企业和生态工业园区进行实证分析时，发现企业和生态工业园区的循环经济相关数据缺乏连续性和动态性。这一问题可从两个角度进行分析。一方面，对被纳入国家循环经济示范试点单位的企业和园区而言，由于国家在一定时期内（一般为五年）要对其循环经济建设成果进行验收，故这些单位会在试点期间对循环经济主要指标进行较为全面的监测。一旦这些企业或园区没有被继续纳入下一批的示范试点名单内，则可能因为缺乏国家的强制要求或约束而疏于对此项工作的深入、连续展开，导致很多企业或园区的循环经济相关数据仅有五年或十年内的，如五粮液集团，甚至有些单位在试点期间也不一定每年都进行数据监测，而是隔一年统计一次，如青白江工业集中区，这使我们希望对此类单位进行跟踪研究的意图遭遇阻碍，且这种数据上的断裂可能会使过去搜集的信息资料的实际应用价值有所折损。另一方面，对于尚未纳入国家循环经济示范试点单位的企业和园区而言，其循环经济相关数据在监测和统计上的随意性可能更大；而随着循环经济战略的深入落实，越来越多的企业和园区开始践行循环经济理念，这些机构亦是此类主体实行循环经济理念的重要组成部分。因此，如何规范这些单位对循环经济相关指标的长期监测与统计，政府在其中应扮演何种角色，直接关系到循环经济发展相关信息平台的建立与完善，更关系到循环经济数据储备库的构建。这是下一步研究中值得关注的问题。

2. 企业考核指标的科学性、统一性不足问题

被列入循环经济示范试点单位的企业涉及钢铁、煤炭、化工、轻工等各个行业，由于行业特点的差异化，不同行业的企业采用的循环经济统计指标有所不同，而不同规模、不同地区的企业在循环经济发展模式上也会有一定差异。因此，与生态工业园区试点不同，国家对循环经济试点企业进行考察时，只规定了企业实施循环经济过程中需要监测的大致范围，而并未统一规定具体的监测指标应包括哪些内容，故企业在接受中期考核和成果验收时，上报的具体指标会因企业不同而有较大差别。由于企业自行确定循环经

济主要监测指标，且大多数企业可能并未对指标选取的科学性、合理性与可靠性进行深入研讨或评估，故从指标大类的设置到具体指标的选择可能都缺乏一定的规范性、统一性和科学性。在这种情况下验收得到的企业循环经济实施成果能否代表企业循环经济发展的真实水平？这一结论有待商榷。若企业在信息上报时，侧重于突出其循环经济发展较好的方面而回避其不足，那么此类问题又该如何在验收过程中进行识别？若这些相对权威的统计结果尚不能代表企业的真实发展水平，那么基于此数据对企业循环经济发展进行实证、评价的意义又在何处？以上问题需要慎重考虑。这为我们下一步的研究提出了挑战，同时提供了值得探索的方向。

3. 循环经济主要评价指标体系与国际接轨不够的问题

目前，我国虽然针对宏观层面和生态工业园区层面提出了几类权威的评价指标体系，但从宏观角度来讲，这些指标体系与日本等构建的循环经济指标体系（Ariyoshi and Moriguchi, 2004），或欧盟等组织构建的物质流指标体系（Eurostat, 2001）等相比，尚具有一定差异。具体来讲，尽管我国所构建的指标体系涉及面广，层次性强，包含的具体指标较为完备，但在考虑体系完整的同时，缺乏对重点指标的建设；换言之，我们尚未提出几类主要的、可与国际接轨的循环经济发展评价指标，必然也将缺乏与这些指标相对应的数据库建设，因此也无法据此展开国际层面的循环经济发展水平评估或相关问题研究。例如，DMI和DPO是日本和欧盟构建循环经济相关指标体系时均选择纳入的指标，那么我国也可以在构建相对全面的循环经济指标体系的同时，从物质循环流的角度选取或确立几大类重要指标作为衡量我国循环经济发展并与别国进行对比分析的工具；另外，Wackernagel和Rees（1996）曾对全球52个主要国家的生态足迹进行计算，世界自然基金会组织则进一步拓展其研究领域并持续监测全国可持续发展趋势，这也从全球视角下为进行循环经济的国际比较提供了较为完备的数据基础。综合而言，生态足迹作为衡量循环经济发展在环境领域上的重要指标，可以考虑和衡量资源利用水平的物质流相关指标，如DMI、DPO结合起来作为构建与国际接轨的循环经济发展评价指标体系的重要依据。

6.2 研究展望

本书的研究重点是对循环经济发展定量评估方法的探索与完善，受写作时间与作者知识体系的局限，研究尚有许多未完善之处。因此，在本书的最后，希望对这一领域未来的研究方向进行思考和展望，以明确下一步的研究重点。具体来讲，未来的循环经济定量评估方法研究可考虑从以下角度展开，即对研究对象的拓展、对相关指标体系的完善以及对综合评估模型的改进，以充实和完善循环经济定量评估方法领域的研究成果，也使循环经济发展水平的评估结果尽可能科学、全面且具有可比性与可操作性。

（1）本书从循环经济的产业组织形态角度，将循环经济系统分为了企业小循环、生态工业园区中循环和区域大循环，并对定量评估方法进行构建与应用。企业和生态工业园区的循环经济建设涉及不同行业或领域，对其指标体系的构建及评估方法的应用还可在本书基础上进一步细化，如分别构建钢铁、化工、有色、煤炭、建材、电力和轻工业七大重点行业企业的循环经济发展评价指标体系，或甄别出这些行业共同的评价指标，以及需差异化的特色指标。同时，在评估方法的应用上，下一步研究可针对性地对某类企业或代表性园区的循环经济发展水平进行深入分析，通过实地调研搜集更为翔实的第一手资料，充分发挥这一指标体系及其定量评估方法的应用价值。除此之外，未来还可考虑从三大产业等角度沿用这一基本思路对其评价指标体系进行设计，选择适合评估产业发展的定量模型进行实证分析，从而拓展循环经济的定量评估对象，多角度掌握循环经济实施水平。

（2）随着时代发展，循环经济理论和实践将不断推进，国内外学者或不同组织机构用于考察循环经济发展水平的指标体系也会有所改进。因此，从指标体系的完善角度来讲，随时关注国际形势与循环经济发展状况，及时把握统计指标的调整变化趋势，是研究循环经济定量评估方法问题的前瞻性要求。如前文在讨论部分所述，未来在对循环经济指标体系的研究中，应尽可能参考联合国、欧盟等组织对循环经济、全球环境或可持续发展进行评价的总体思路和指标体系设置，以修正本书现有的体系框架。例如，可考虑将物质流分析、生态效率与生态足迹三种国外较为常用的评估方法适当结合，一同组成循环经济发展在资源环境领域上的重要指标；与此同时，选择具有代表性的、国际上较为通用的经济社会类指标作为补充，如居民对环境的满意度等，辅助分析循环经济发展对各国经济社会所带来的影响。不断完善和改进评价循环经济发展的指标体系，其目的不仅在于强化指标的综合性与准确性，更重要的是将构建的指标体系与国际接轨，实现循环经济发展水平在国际上的比较，这对循环经济的理论突破与实践发展都具有重大意义。

（3）可考虑进一步完善循环经济常用的定量评估模型，以解决本书在不足之处中所提到的运用定量评估方法仅能得到定性结果的问题。这一尝试可从寻找循环经济与低碳经济关联性的角度入手，循环经济强调对资源进行高效、循环利用，核心是对输入端的控制，希望通过物质资源减量化达到降低资源利用的绝对量、提高资源利用率的目的，定量指标主要为各类资源利用效率指标，且各行业企业有所不同；而低碳经济则是基于气候变化发展出来的概念，其核心是节能减排，以提高能源利用效率、优化能源产业结构、大力发展可再生能源为目的，定量指标主要为 CO_2 排放量、SO_2 排放量和碳排放量等，指标类型较为统一且规范。因此，尽管循环经济理念宏大且相对完整，但主体较多，如国家、地区、工业园区、企业等，导致各个主体循环经济发展的评价指标较不一致，指标难以统一，缺乏可比性；而低碳经济主要针对 CO_2 等污染气体排放进行计量评估，指标侧重点明确，其标准化程度与统一性都较高，这使评价结果无论是在微观主体、重点产业或区域间都较容易进行量化分析与比较。再加上 2015 年召开的巴黎气候大会进一步提出了控制全球平均气温升高的具体目标，并明确了各国对六种温室气体的减排指标，定量评估标准进一步增强。可见，基于产业共生的循环经济核心理念，将 CO_2 排放量或其他气体排放量等主要低碳指标融入循环经济定量评估体系或方法中，从低碳经济角度尝试解决循环经济发展成果不易量化的问题，是未来循环经济定量评估发展的重要方向。具体来讲，在研究所基于的数据库建立方面，可以借鉴日本与欧盟循环经济相关指标体系中 DMI、DPO 等概念和测算方法进行计算结果的统一，这将更有利于统计口径的一致和国际比较；而在相关定量评估方法的改进方面，未来研究可利用投入产出表，建立纳入资源环境指标的混合投入产出模型，并通过模拟几种情境，运用低碳经济的主要指标，如 CO_2 排放量或 N_2O 排放量等，对主要行业的循环经济发展水平进行定量评估，通过评估结果观测循环经济主体的发展是否兼具良好的生态效益与经济效益，从而提出更优化的循环经济发展模式。

参 考 文 献

巴里·康芒纳. 1997. 封闭的循环: 自然、人和技术[M]. 侯文蕙, 译. 长春: 吉林人民出版社.
保瑞. 2015. 我国生态环境现状及治理措施[J]. 资源节约与环保, (9): 186.
曹光辉, 齐建国. 2006. 循环经济的技术经济范式与政策研究[J]. 数量经济技术经济研究, 23(5): 112-121.
曾绍伦, 任玉珑, 王伟. 2009. 基于DEA的燃煤电厂循环经济评价研究[J]. 中国人口·资源与环境, 19(3): 113-118.
陈敏, 吕莱. 1997. 促进循环经济保护自然资源: 专访德国联邦废物处理工业协会会长弗兰克·雷纳·比利西曼博士[J]. 国际市场, (12): 18-19.
陈文晖. 2006. 城市循环经济评价指标体系探讨[J]. 经济管理, (16): 55-60.
陈文晖, 马胜杰, 姚晓艳. 2009. 中国循环经济综合评价研究[M]. 北京: 中国经济出版社.
陈晓红, 傅滔涛, 曹裕. 2012. 企业循环经济评价体系: 以某大型冶炼企业为例[J]. 科研管理, 33(1): 47-55.
程俊慧. 1994. 试论企业生态平衡[J]. 工厂管理, (8): 38-39.
程梅珍. 2007. 区域循环经济发展模式研究: 天津滨海新区发展循环经济的实践与思考[J]. 中国科技论坛, (5): 83-86, 97.
戴萌睿. 2005. 中国的能源及消费概况[J]. 民主, (11): 50.
德内拉·梅多斯, 乔根·兰德斯, 丹尼斯·梅多斯. 2013. 增长的极限[M]. 李涛, 王智勇, 译. 北京: 机械工业出版社.
丁学俊, 冯慧雯. 1999. 循环水系统经济运行问题的分析[J]. 电站系统工程, 15(1): 15-18.
董鸣皋. 2014. 基于多指标决策的循环经济发展水平综合评价方法: 以陕西省为例[J]. 干旱区资源与环境, 28(3): 11-16.
董骁. 2007. 循环经济动力不足的微观经济学分析[J]. 上海经济研究, (1): 77-83.
段宁. 2001. 清洁生产、生态工业和循环经济[J]. 环境科学研究, 14(6): 1-4, 8.
范连颖. 2006. 日本循环经济的发展与循环经济的理论思考[D]. 大连: 东北财经大学.
冯良. 2002. 关于推进循环经济的几点思考[J]. 节能与环保, (9): 18-21.
冯之浚. 2004. 循环经济导论[M]. 北京: 人民出版社.
付桂军, 齐义军. 2013. 煤炭资源型区域可持续发展水平比较研究: 基于模糊综合评价法的分析[J]. 干旱区资源与环境, 27(4): 106-110.
耿殿明, 刘佳翔. 2012. 基于物质流分析的区域循环经济发展动态研究: 以山东省为例[J]. 华东经济管理, 26(6): 51-54.
胡青丹. 2009. 我国能源短缺的现状及应对之策[J]. 党政干部论坛, (9): 36-37.
黄卉, 彭龙. 2009. 火力发电厂在发展循环经济中的应用[J]. 中国软科学, (S2): 12-15.
吉小燕, 郑垂勇, 周晓平. 2006. 循环经济下的产业结构高度化影响要素分析[J]. 科技进步与对策, 23(12): 58-60.
季昆森. 2004. 循环经济与资源节约型社会[J]. 决策咨询, (7): 42-43.
姜吉运, 董洁霜, 范炳全. 2003. 开发区建设对周围区域产业经济边缘效益探析: 以上海市宝山工业园区为例[J]. 上海城市规划, (6): 2-5.

阚肖虹. 2002. 集聚出效益: 用企业集群推进工业园区建设的思考[J]. 群众, (4): 34-35.
孔妍. 2005. 建设工业生态园区提升产业聚集效益进一步推动产业结构调整优化升级[J]. 电力学报, 20(3): 310-313.
莱斯特·R. 布朗. 1984. 建设一个可持续发展的社会[M].祝友三, 等译. 北京: 科学技术文献出版社.
李富佳, 李宇, 李泽红, 等. 2015. 基于 SD 模型的循环农业系统构建及其综合效益评价研究[J]. 干旱区资源与环境, 29(6): 45-50.
李海毅, 汤洁, 斯蔼. 2009. 能值分析法在松嫩平原生态足迹模型研究中的应用[J]. 干旱区资源与环境, 23(10): 100-105.
李萌, 杨志峰. 2004. 循环经济原则在城区固体废物处置规划中的应用[J]. 北京师范大学学报(自然科学版), 40(5): 695-699.
李兆前, 齐建国. 2004. 循环经济理论与实践综述[J]. 数量经济技术经济研究, 21(9): 145-154.
林恩·马古利斯. 1999. 生物共生的行星: 进化的新景观[M]. 上海: 上海科学技术出版社.
刘贵清. 2013. 循环经济的生态学基础探究[J]. 生态经济, (9): 106-109.
刘旌. 2012. 循环经济发展研究[D]. 天津: 天津大学.
刘琳琳, 杨力, 张瑞兴. 2013. 煤炭企业循环经济评价指标体系构建及评价方法[J]. 经济与管理研究, (9): 124-128.
刘洋. 2001. 现代企业的生态学思考[J]. 乌鲁木齐职业大学学报(人文社会科学版), 10(3): 60-66.
刘毅. 2012. 区域循环经济发展模式评价及其路径演进研究[D]. 天津: 天津大学.
楼瑾. 1997. 环境污染的经济学分析[J]. 财经科学, (5): 17-20.
陆玲. 1996. 略论企业生态学原理[J]. 世界科学, 3(3): 44-46.
陆钟武. 2003. 关于循环经济几个问题的分析研究[J]. 环境科学研究, 16(5): 1-5, 10.
罗喜英, 高瑜琴. 2015. 资源价值流分析在循环经济"3R"原则中的运用[J]. 生态经济, 31(9): 43-47.
马金华. 2007. 和谐社会视角下促进循环经济发展的财政政策研究[J]. 中央财经大学学报, (2): 18-22.
马金山. 2010. 基于生命周期视角的煤炭企业循环经济发展路径[J]. 煤炭经济研究, 30(12): 15-17.
马世骏, 王如松. 1984. 社会经济自然复合生态系统[J]. 生态学报, 4(1): 1-9.
马永欢, 周立华. 2008. 我国循环经济的梯度推进战略与区域发展模式[J]. 中国软科学, (2): 82-88.
迈克尔·杰伊·波隆斯基, 阿尔玛·明图·威蒙萨特. 2000. 环境营销[M]. 王嗣俊, 高红岩, 译. 北京: 机械工业出版社.
苗刚, 党海平, 商莹华. 2008. 循环经济原则的应用价值[J]. 中国石油企业, (6): 104-105.
闵毅梅.1997. 德国的《循环经济法》[J]. 环境导报, (3): 40.
闵长富. 1995. 试谈市场经济下企业的生态学[J]. 生态经济, (2): 54.
牛桂敏. 2004. 循环经济: 从超前性理念到体系和制度创新[J]. 国家行政学院学报, (6): 63-65.
牛桂敏. 2005. 循环经济评价体系的构建[J]. 城市环境与城市生态, 18(2): 4-7.
秦钟, 章家恩, 骆世明, 等. 2009. 基于系统动力学的广东省循环经济发展的情景分析[J]. 中国生态农业学报, 17(4): 800-806.
丘兆逸. 2006. 区域循环经济发展中的成本-收益矛盾分析[J]. 统计与决策, (11): 92-93.
曲格平. 2001. 时代呼唤循环经济[J]. 环境, (1): 8-9.
曲格平. 2002. 发展循环经济是 21 世纪的大趋势[J]. 中国城市经济, (1): 27-28.
申振东, 杨保建. 2006. 能源循环经济: 可持续发展的战略选择[J]. 科技进步与对策, (2): 24-25.
沈江, 宋叙言. 2015. 基于"3R"的生态工业园区环境评价指标体系研究[J]. 东北大学学报(社会科学版), 17(1): 51-55.
史宝娟, 赵国杰. 2007. 城市循环经济系统评价指标体系与评价模型的构建研究[J]. 现代财经, 27(5): 3-6.
世界环境与发展委员会. 1997. 我们共同的未来[M]. 王之佳, 柯金良, 译. 长春: 吉林人民出版社.

宋子义, 李鹏跃, 梁翠平. 2009. 基于生命周期法下环境成本核算体系的研究[J]. 经济纵横, (4): 77-79.
隋殿海. 2016. 循环经济与低碳经济协调发展研究[J]. 经济, (1): 34.
孙成章. 1997. 关于"现代企业生态学"的思考[J]. 经济管理, (1): 61-62.
孙义飞, 董魏魏. 2013. 采用灰色综合评价法构建低碳乡村评价体系的研究[J]. 湖南农业科学, (11): 121-123.
孙日瑶, 邵一丹, 袁文华. 2014. 工业企业循环经济有效运行的三循环模型与应用[J]. 北京理工大学学报(社会科学版), 16(1): 52-57, 69.
唐晓纯. 2005. 解读循环经济的六大理念[J]. 当代经济研究, (6): 48-50.
涂自力, 陈桃. 2015. 从三大反差看中国循环经济建设的困境与出路：基于价值观重构的视角[J]. 财贸研究, (1): 18-26.
万林葳. 2012. 基于蚁群算法的生态工业园区环境效益评价[J]. 统计与决策, (17): 49-51.
汪培庄. 1983. 模糊集合论及其应用[M]. 上海：上海科学技术出版社.
王波. 2007. 区域循环经济系统分析：基于系统动力学的方法[J]. 统计与决策, (20): 12-14.
王红. 2015. 基于物质流分析的中国减物质化趋势及循环经济成效评价[J]. 自然资源学报, 30(11): 1811-1822.
王家庭, 赵丽. 2013. 中国生态工业园区的生态效益评价研究[J]. 当代经济管理, 35(7): 41-46.
王建辉, 彭博. 2016. 循环经济理论探源与实现路径：《资本论》的生态语域[J]. 武汉大学学报(哲学社会科学版), 69(1): 46-51.
王晶. 2007. 基于循环经济的企业运行机制、模式及评价研究[D]. 武汉：华中科技大学.
王军, 周燕, 刘金华, 等. 2006. 物质流分析方法的理论及其应用研究[J]. 中国人口·资源与环境, 16(4): 60-64.
王澜, 杨梅. 2008. 从3R原则分析绿色包装设计[J]. 包装工程, 29(2): 162-165.
王丽英. 2009. 中国城市循环经济发展水平与评价：基于29个城市的实证分析[J]. 山西财经大学学报, 31(5): 31-36.
王鲁明. 2005. 区域循环经济发展模式研究[D]. 青岛：中国海洋大学.
王如松. 2003. 循环经济建设的产业生态学方法[J]. 产业与环境, (z1): 48-52.
王守安. 2005. 循环经济的经济学解释[J]. 当代经济研究, (4): 35-39.
王晓冬. 2010a. 国外循环经济发展经验：一种制度经济学的分析[D]. 长春：吉林大学.
王晓冬. 2010b. 美国循环经济发展的实践经验及借鉴：基于制度经济学的分析[J]. 财政经济评论, (2): 121-132.
王妍, 卢琦, 褚建民, 等. 2010. 芬兰区域生态效率研究及其对我国的启示：以芬兰南部Kymenlaaks地区为例[J]. 世界林业研究, 23(5): 58-63.
吴小庆, 王远, 刘宁, 等. 2008. 基于生态效率理论和TOPSIS法的工业园区循环经济发展评价[J]. 生态学杂志, 27(12): 2203-2208.
吴玉萍. 2005. 循环经济若干理论问题[J]. 中国发展观察, (6): 30-32.
吴宗鑫. 2006. 中国循环经济指标体系研究[R]. 世行项目报告.
谢芳, 李慧明. 2006a. 日本逆向制造与循环型企业的构建[J]. 现代日本经济, (5): 21-23.
谢芳, 李慧明. 2006b. 生产者责任延伸制与企业的循环经济模式[J]. 生态经济, (6): 64-66, 77.
谢琨. 2002. 企业环境成本分类及会计实施[J]. 四川会计, (5): 22-24.
徐凤君, 赵涛, 柯婷. 2007. 内蒙古自治区循环经济发展模式及评价体系研究[J]. 科学管理研究, 25(3): 1-4.
徐海根, 丁晖, 欧阳志云, 等. 2016. 中国实施2020年全球生物多样性目标的进展[J]. 生态学报, 36(13): 3847-3858.

徐一剑, 张天柱, 石磊, 等. 2004. 贵阳市物质流分析[J]. 清华大学学报(自然科学版), 44(12): 1688-1691, 1699.
许文来, 张建强, 刘菁. 2007. 青白江区生态工业建设规划研究[J]. 城市规划设计, 14(1): 33-37.
杨志, 张洪国. 2009. 气候变化与低碳经济、绿色经济、循环经济之辨析[J]. 广东社会科学, (6): 34-42.
殷克东, 赵昕, 薛俊波. 2002. 基于PSR模型的可持续发展研究[J]. 软科学, 16(5): 62-66.
尹晓红. 2009. 区域循环经济发展评价与运行体系研究[D]. 天津: 天津大学.
原毅军. 2014. 日本循环经济的发展及其对中国的启示[J]. 经济研究导刊, (17): 282-284.
张帆. 1998. 环境与自然资源经济学[M]. 上海: 上海人民出版社.
张娟, 郑一, 王学军, 等. 2016. 基于资源产出率指标分解的企业循环经济研究: 以钢铁行业为例[J]. 资源科学, 38(1): 119-125.
张凯. 2004. 循环经济理论与实践研究[M]. 北京: 中国环境科学出版社.
章波, 黄贤金. 2005. 循环经济发展指标体系研究及实证评价[J]. 中国人口·资源与环境, 15(3): 22-25.
赵愈. 2011. 循环经济模式的生态工业园区建设与评价研究[D]. 重庆: 重庆大学.
周宾, 陈兴鹏, 吴士锋. 2010. 基于AHP-模糊推理的甘肃省循环经济发展度实证分析[J]. 系统工程理论与实践, 30(7): 1200-1206.
周英男, 陶斌, 赵晓东. 2013. 中国循环经济的产业化影响因素分析[J]. 中国人口·资源与环境, 23(11): 147-149.
朱珠, 张琳, 叶晓雯, 等. 2012. 基于TOPSIS方法的土地利用综合效益评价[J]. 经济地理, 32(10): 139-144.
诸大建. 1998a. 可持续发展呼唤循环经济[J]. 科技导报, (9): 39-42.
诸大建. 1998b. 循环经济: 上海跨世纪发展途径[J]. 上海经济研究, (10): 28-32.
诸大建, 邱寿丰. 2008. 作为我国循环经济测度的生态效率指标及其实证研究[J]. 长江流域资源与环境, 17(1): 1-5.
诸大建, 朱远. 2006. 循环经济: 三个方面的深化研究[J]. 社会科学, (4): 46-55.
诸大建, 朱远. 2013. 生态文明背景下循环经济理论的深化研究[J]. 中国科学院院刊, 28(2): 207-218.
Adriaanse A, Bringezu S, Hammond A L, et al. 1997. Resource Flows: The Material Base of Industrial Economies[M]. Washington: World Resources Institute.
Allesch A, Brunner P H. 2015. Material flow analysis as a decision support tool for waste management: A literature review[J]. Journal of Industrial Ecology, 19(5): 753-764.
Andersen J K, Boldrin A, Christensen T H, et al. 2011.Mass balances and life cycle inventory of home composting of organic waste[J]. Waste Management, 31(9-10): 1934-1942.
Arena U, Gregorio F D ,Amorese C, et al. 2011. A techno-economic comparison of fluidized bed gasification of two mixed plastic wastes[J]. Waste Management, 31(7): 1494-1504.
Ariyoshi N, Moriguchi Y. 2004. The development of environmental accounting frameworks and indicators for measuring sustainability in Japan[J]. Source OECD Statistics Sources & Methods, (4): 329-349.
Asari M, Sakai S I.2013. Li-ion battery recycling and cobalt flow analysis in Japan[J]. Resources Conservation and Recycling, 81: 52-59.
Bergeron F C. 2014. Assessment of the coherence of the Swiss waste wood management[J]. Resources, Conservation and Recycling, 91: 62-70.
Binder C R. 2007. From material flow analysis to material flow management Part I: Social sciences modeling approaches coupled to MFA[J]. Journal of Cleaner Production, 15(17): 1596-1604.
Bing X, Chen X P, Zhang W W, et al. 2010. Study on the adjusting mechanism of regional circular economy[J]. Soft Science, 24(8): 74-78.

Bogucka R, Kosinska I, Brunner P H. 2008. Setting priorities in plastic waste management—Lessons learned from material flow analysis in Austria and Poland[J]. Polimery, 53(1): 55-59.

Boulding K E. 1966. The economics of the coming spaceship earth[J]. Environmental Quality in a Growing Economy, 58(4): 947-957.

Callan S, Thomas J. 2012. Environmental Economics & Management: Theory, Policy and Applications[M]. New York: Cengage Learning.

Carson R. 1962. Silent Spring[M]. Boston: Houghton Mifflin Company.

Chakraborty D, Roy J. 2015. Ecological footprint of paperboard and paper production unit in India[J]. Environment Development and Sustainability, 17(4): 909-921.

Chambers N, Simmons C, Wackernagel M. 2000. Sharing Nature's Interest: Ecological Footprints as an Indicator of Sustainability[M]. London: Routledge.

Charnes A, Cooper W W, Rhodes E. 1978. Measuring the efficiency of decision making units[J]. European Journal of Operational Research, 2(6): 429-444.

Charonis G K. 2012. Degrowth, steady state economics and the circular economy: Three distinct yet increasingly converging alternative discourses to economic growth for achieving environmental sustainability and social equity[C]. World Economic Association Sustainability Conference:1-18.

Chen J Z. 2009. Material flow and circular economy[J]. Behavioral Science, 26(2): 269-278.

Chertow M R. 2000. Industrial symbiosis: Literature and taxonomy[J]. Annual Review of Energy and the Environment, 25(1): 313-337.

Côté R, Hall J. 1995. Industrial parks as ecosystems[J]. Journal of Cleaner Production, 3(1-2): 41-46.

Czech B, Daly H E. 2004. In My Opinion: The steady state economy: What it is, entails, and connotes[J]. Wildlife Society Bulletin, 32(2): 598-605.

Department for Policy Coordination and Sustainable Development. 1996. Indicators of Sustainable Development Framework and Methodologies[M]. New York: United Nations.

Environment Agency Japan. 1992. Quality of the Environment in Japan 1992[EB/OL].(2018-07-20) http://www.env.go.jp/en/wpaper/1992/.

Erkman S. 1997. Industrial ecology: An historical view[J]. Journal of Cleaner Production, 5 (1-2): 1-10.

Eurostat. 2001.Economy-wide material flow accounts and derived indicators: A methodological guide[R]. Luxembourg: European Commission.

Feng Z J, Yan N L. 2007. Putting a circular economy into practice in China[J]. Sustainability Science, 2(1): 95-101.

Fresner J. 1998. Cleaner production as a means for effective environmental management[J]. Journal of Cleaner Production, 6(3-4): 171-179.

Frijns J, Vliet B V. 1999. Small-scale industry and cleaner production strategies[J]. World Development, 27(6): 967-983.

Frosch R A, Gallopoulos N E. 1989. Strategies for manufacturing[J]. Scientific American, 261(3): 144-152.

Geng Y, Fu J, Sarkis J, et al. 2012. Towards a national circular economy indicator system in China: An evaluation and critical analysis[J]. Journal of Cleaner Production, 23(1): 216-224.

Geng Y, Sarkis J, Ulgiati S, et al. 2013. Measuring China's circular economy[J]. Science, 339(6127): 1526-1527.

Geng Y, Zhang P, Côté R P, et al. 2009. Assessment of the national eco-industrial park standard for promoting industrial symbiosis in China[J]. Journal of Industrial Ecology, 13(1): 15-26.

Ghisellini P, Cialani C, Ulgiati S. 2016. A review on circular economy: The expected transition to a balanced interplay of environmental and economic systems [J]. Journal of Cleaner Production, 114: 11-32.

Gindy N. 2010. Sustainable manufacturing, life cycle thinking and the circular economy[J]. Journal of Mechanical &Electrical Engineering, 27(6): 1-6.

Giordano P, Caputo P, Vancheri A. 2014. Fuzzy evaluation of heterogeneous quantities: Measuring urban ecological efficiency[J]. Ecological Modelling, 288(5): 112-126.

González-Vallejo P, Marrero M, Solís-Guzmán J. 2015.The ecological footprint of dwelling construction in Spain[J]. Ecological Indicators, (52): 75-84.

Groothuis F. 2014. Tax shift is the key to the circular economy and jobs[J/OL].(2014-12-23)[2018-06-20]. https://www.huffingtonpost.com/femke-groothuis/tax-shift-is-key-to-a-cir_b_6373014.html.

Howard T O. 1988. Self-organization, transformity, and information[J]. Science, 242(4882): 1132-1139.

Howard T O, Elisabeth C O. 2001. A Prosperous Way Down[M]. Boulder: University Press of Colorado.

Howard T O, Elisabeth C O. 2006. The prosperous way down[J]. Energy, 31(1): 21-32.

Hwang C L, Yoon K. 1981. Multiple Attribute Decision Making: Methods and Applications[M]. Berlin: Springer.

Kahhat R, Williams E. 2012. Materials flow analysis of e-waste: Domestic flows and exports of used computers from the United States[J]. Resources Conservation and Recycling, 67(10): 67-74.

Lamas W D Q, Palau J C F, Camargo J R D. 2013. Waste materials co-processing in cement industry: Ecological efficiency of waste reuse[J]. Renewable & Sustainable Energy Reviews, 19: 200-207.

Lazarus E, Lin D, Martindill J, et al. 2015. Biodiversity loss and the ecological footprint of trade[J]. Diversity, 7(2): 170-191.

Li B, Xu J P. 2008. An evaluation model based on data envelopment analysis and its application to county circular economy[J]. World Journal of Modelling and Simulation, 4(1): 35-43.

Lowe E, Moran S, Holmes D. 1995. A fieldbook for the development of eco-industrial parks[R]. Report for the U. S. Environmental Protection Agency. Oakland :Indigo Development International.

Maio F D, Rem P C. 2015. A robust indicator for promoting circular economy through recycling[J]. Journal of Environmental Protection, 6(10): 1095-1104.

Mathews J A, Tan H. 2011. Progress toward a circular economy in China: The drivers (and inhibitors) of eco-industrial initiative[J]. Journal of Industrial Ecology, 15(3): 435-457.

Mathews J A, Tang Y M, Tan H. 2011.China's move to a circular economy as a development strategy[J]. Asian Business & Management, 10(4): 463-484.

Mirata M, Emtairah T. 2005. Industrial symbiosis networks and the contribution to environmental innovation: The case of the Landskrona industrial symbiosis programme[J]. Journal of Cleaner Production, 13(10-11): 993-1002.

Morf L S, Tremp J, Gloor R, et al. 2007. Metals, non-metals and PCB in electrical and electronic waste: Actual levels in Switzerland[J]. Waste Management, 27(10): 1306-1316.

Moriguchi Y. 2007. Material flow indicators to measure progress toward a sound material-cycle society[J]. Journal of Material Cycles and Waste Management, 9(2): 112-120.

Murphy D F, Bendell J. 1998. Do-it-yourself or do-it-together?:The implementation of sustainable timber purchasing policies by DIY retailers in the UK[J]. Greener Purchasing Opportunities and Innovations: 118-134.

Neset T S S, Bader H P, Scheidegger R, et al. 2008. The flow of phosphorus in food production and consumption: Linköping, Sweden, 1870—2000[J]. Science of the Total Environment, 396(2-3): 111-120.

Ness D. 2008. Sustainable urban infrastructure in China: Towards a factor 10 improvement in resource productivity through integrated infrastructure systems[J]. International Journal of Sustainable Development & World Ecology, 15(4): 288-301.

Organisation for Economic Co-operation and Development. 1993. OECD Core set of indicators for environmental performance reviews[J]. Environment Monograph, 83: 1-39.

Organisation for Economic Co-operation and Development. 1998. Towards Sustainable Development: Environmental Indicators[M]. Pairs: OECD.

Ozturk I, Al-Mulali U, Saboori B. 2016. Investigating the environmental Kuznets curve hypothesis: The role of tourism and ecological footprint[J]. Environmental Science and Pollution Research, 23(2): 1916-1928.

Park J Y, Chertow M R. 2014. Establishing and testing the "reuse potential" indicator for managing wastes as resources[J]. Journal of Environmental Management, 137: 45-53.

Park J, Sarkis J, Wu Z. 2010. Creating integrated business and environmental value within the context of China's circular economy and ecological modernization[J]. Journal of Cleaner Production, 18(15): 1494-1501.

Pearce D W, Turner R K. 1989. Economics of Natural Resources and the Environment[M]. Baltimore: The Johns Hopkins University Press.

President's Council on Sustainable Development. 1996. Eco-Industrial Park Workshop Proceedings[C]. Washington, D.C.: 17-18.

Preston F. 2012. A global redesign? Shaping the circular economy[OE/BL]. [2018-07-20]. https://www.biblioteca.fundacionicbc.edu.ar/images/d/d7/Bp0312_preston.pdf.

Ren Y. 2007. The circular economy in China[J]. Journal of Material Cycles and Waste Management, 9(2): 121-129.

Research Triangle Institute and Indigo Development International. 1994. Eco-industrial parks and industrial ecosystems: A technical memorandum[R]. Research Triangle Institute and Indigo Development International.

Roberts B H. 2004. The application of industrial ecology principles and planning guidelines for the development of eco-industrial parks: An Australian case study[J]. Journal of Cleaner Production, 12(8-10): 997-1010.

Rosenthal C. 1999. Handbook on Codes, Covenants, Conditions & Restrictions for Eco-Industrial Parks[M]. New York: Cornell Center for the Environment, Work & Environment Initiative.

Saaty T L. 1977. A scaling method for priorities in hierarchical structures[J]. Journal of Mathematical Psychology, 15(3): 234-281.

Sagar A D, Frosch R A. 1997. A perspective on industrial ecology and its application to a metals-industry ecosystem[J]. Journal of Cleaner Production, 5(1-2): 39-45.

Schachermayer E, Lahner T, Brunner P H. 2000. Assessment of two different separation techniques for building wastes[J]. Waste Management & Research, 18(1): 16-24.

Schaltegger S, Sturm A. 1990. Ökologische Rationalität[J]. Die Unternehmung, 4(4): 273-290.

Scheepens A E, Vogtländer J G, Brezet J C. 2016. Two life cycle assessment (LCA) based methods to analyse and design complex (regional) circular economy systems. Case: making water tourism more sustainable[J]. Journal of Cleaner Production, 114: 257-268.

Schutz H, Bringezu S. 1993. Major material flows in Germany[J]. Fresenius Environmental Bulletin, 2(8): 443-448.

Sharma A. 2014. Symbiosis in eco-industrial park: Lessons on planning a symbiotic city[J]. International Journal of Science Environment and Technology, 3(5): 1691-1700.

Sønderskov K M, Daugbjerg C. 2011. The State and consumer confidence in eco-labeling: Organic labeling in Denmark, Sweden, The United Kingdom and The United States[J]. Agriculture and Human Values, 28(4): 507-517.

Sonntag V. 2000. Sustainability: In light of competitiveness[J]. Ecological Economics, 34(1): 101-113.

Stavileci S, Andersson D. 2015. An Assessment of How Circular Economy Can Be Implemented in the Aerospace Industry[D]. Karlskrona: Blekinge Institute of Technology.

Stephan S, Björn S. 2000. Eco-Efficiency: Creating More Value with Less Impact[M]. Conches-Geneva: World Business Council for Sustainable Development.

Strebel H, Posch A. 2004. Interorganisational cooperation for sustainable management in industry: On industrial recycling networks and sustainability networks[J]. Progress in Industrial Ecology An International, 1(4):348-362.

Su B W, Heshmati A, Geng Y, et al. 2013. A review of the circular economy in China: Moving from rhetoric to implementation[J]. Journal of Cleaner Production, 42: 215-227.

Tonini D, Dorini G, Astrup T F.2014. Bioenergy, material, and nutrients recovery from household waste: Advanced material, substance, energy, and cost flow analysis of a waste refinery process[J]. Applied Energy, 121: 64-78.

Ueta K, Koizumi H. 2001. Reducing household waste: Japan learns from Germany[J]. Environment: Science and Policy for Sustainable Development, 43(9): 20-32.

van Berkel P R, Curtin J. 1999. Building a cleaner world: Cleaner production, its role in Australia[C]. Think Tank Meeting.

van Berkel P R, Willems E, Lafleur M. 1997. The relationship between cleaner production and industrial ecology[J]. Journal of Industrial Ecology, 1(1): 51-66.

Veiga L B E, Magrini A. 2009. Eco-industrial park development in Rio de Janeiro, Brazil: A tool for sustainable development[J]. Journal of Cleaner Production, 17(7): 653-661.

Veleva V, Ellenbecker M. 2001. Indicators of sustainable production: Framework and methodology[J]. Journal of Cleaner Production, 9(6): 519-549.

Vyzinkarova D, Brunner P H. 2013. Substance flow analysis of wastes containing polybrominated diphenyl ethers[J]. Journal of Industrial Ecology, 17(6): 900-911.

Wackernagel M, Rees W. 1996. Our Ecological Footprint: Reducing Human Impact on the Earth[M]. Gabriola Island: New Society Publishers.

Wang H M, Hashimoto S, Yue Q, et al. 2013. Decoupling analysis of four selected countries[J]. Journal of Industrial Ecology, 17(4): 618-629.

Wen Z G, Li R J. 2010. Materials metabolism analysis of China's highway traffic system (HTS) for promoting circular economy[J]. Journal of Industrial Ecology, 14(4): 641-649.

World Bank. 1995. Monitoring Environmental Progress: A Report on Working Progress[R]. Washington, D. C.

Yang Q, Gao Q Q, Chen M Y. 2011. Study and integrative evaluation on the development of circular economy of Shaanxi Province[J]. Energy Procedia, 5: 1568-1578.

Yu Y D, Chen D J, Zhu B, et al. 2013. Eco-efficiency trends in China, 1978–2010: Decoupling environmental pressure from economic growth[J]. Ecological Indicators, 24(1): 177-184.

Yuan W, James P, Hodgson K, et al. 2003. Development of sustainability indicators by communities in China: A case study of Chongming County, Shanghai[J]. Journal of Environmental Management, 68(3): 253-261.

Yuan Z W, Bi J, Moriguichi Y. 2008. The circular economy: A new development strategy in China[J]. Journal of Industrial Ecology, 10(1-2): 4-8.

Zadeh L A. 1965. Fuzzy sets[J]. Information and Control, 8(3): 338-353.

Zaman A U, Lehmann S. 2013. The zero waste index: A performance measurement tool for waste management systems in a "zero waste city"[J]. Journal of Cleaner Production, 50: 123-132.

Zheng J L, Huang Y, Wang Z Q. 2012. Study on establishment and application of circular economy evaluation index system for the chemical industry[J]. Advanced Materials Research, 524-527: 3455-3458.